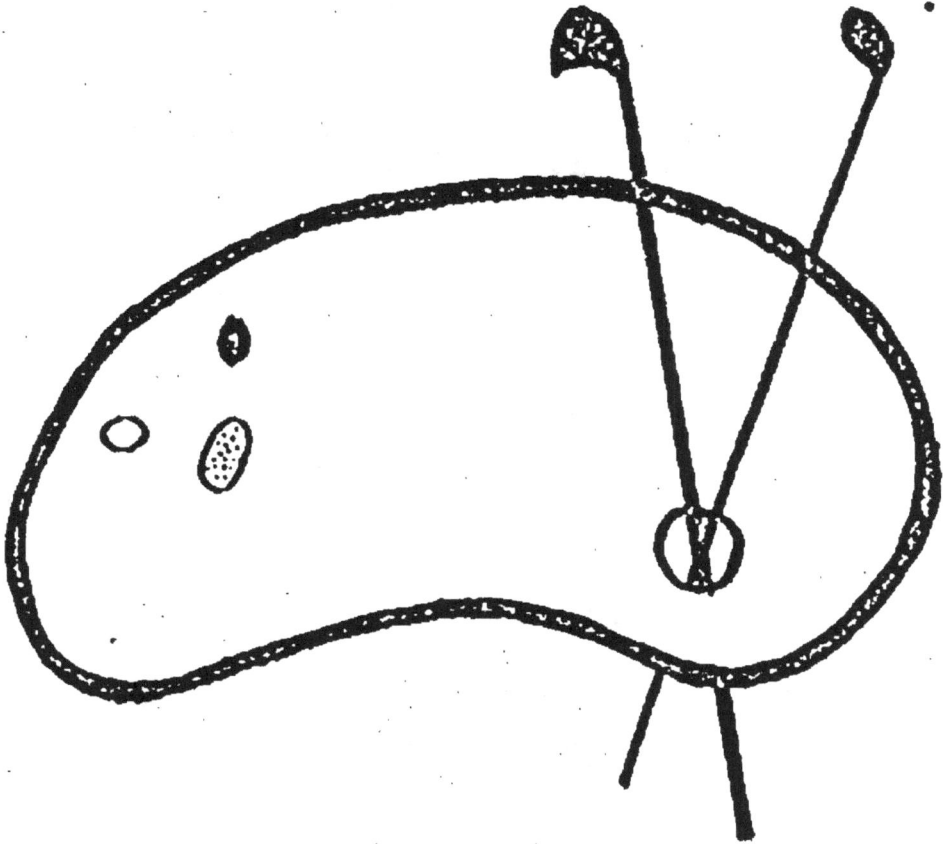

COUVERTURE SUPERIEURE ET INFERIEURE
EN COULEUR

ANNALES

DE

L'ŒUVRE DE LA JEUNESSE

POUR

LA CLASSE OUVRIÈRE

DE MARSEILLE

I

MARSEILLE

TYPOGRAPHIE ET LITHOGRAPHIE CAYER ET Cⁱᵉ
Rue Saint-Ferréol, 57

—

M DCCC LXXVIII

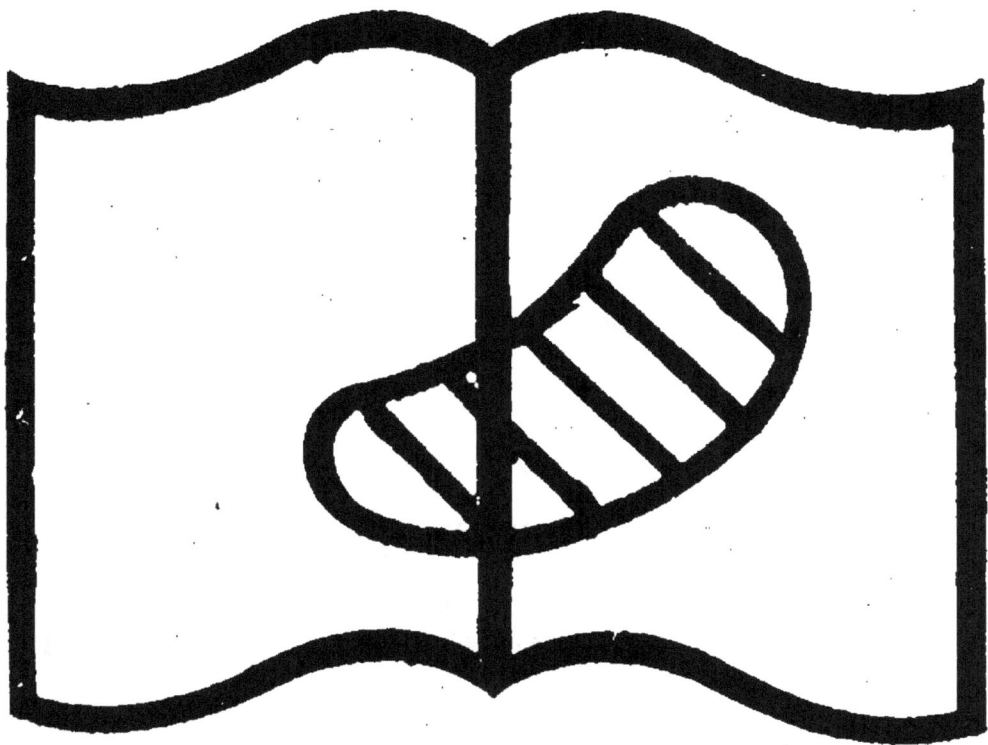

Illisibilité partielle

SOUVENIRS

DE

L'ŒUVRE DE LA JEUNESSE OUVRIÈRE

DE MARSEILLE

ET LA VIE ET LA MORT DE QUELQUES CONGRÉGANISTES

DE CETTE ŒUVRE

Par le R. P. TIMON-DAVID

Un volume in-12. — Prix : **2 fr. 50**.

~~~~~~~~~~~~

LA VOCATION

LETTRES A UN JEUNE HOMME QUI DÉSIRE CHOISIR

UN ÉTAT DE VIE

Par le même Auteur

Un volume in-18. — Prix : **60 cent.**

~~~~~~~~

Ces deux ouvrages en vente à l'Économat

Boulevard de la Magdeleine, 88 x.

·MARSEILLE

ANNALES

DE

L'ŒUVRE DE LA JEUNESSE

POUR LA CLASSE OUVRIÈRE

DE MARSEILLE

ANNALES

DE

L'ŒUVRE DE LA JEUNESSE

POUR

LA CLASSE OUVRIÈRE

DE MARSEILLE

~~~~~~~~

I

MARSEILLE

TYPOGRAPHIE ET LITHOGRAPHIE CAYER ET Cᵉ
Rue Saint-Ferréol, 57

—

M DCCC LXXVIII

A MES CHERS ENFANTS

LES CONGRÉGANISTES

DE

L'ŒUVRE DE LA JEUNESSE OUVRIÈRE

DE MARSEILLE

Scribantur hæc in generatione alterà et
populus qui creabitur laudabit Dominum.
(Ps. CI, 19.)

Il y a déjà bien longtemps, mes chers
enfants, que plusieurs d'entre vous me demandent l'histoire de la fondation de notre
Œuvre et de ses premières années. J'ai hésité
jusqu'ici à le faire, pour de graves raisons que
je vous ai dites souvent. La fondation d'une
Œuvre, c'est l'histoire de bien des tribulations.
Les œuvres de Dieu sont toujours éprouvées par
mille contrariétés, quand il leur destine une longue
durée; et, vous le comprendrez sans peine, le
démon, qui voit le bien qu'elles feront, tâche de
les renverser par tous les moyens possibles; Dieu

lui-même leur retire tous les secours humains, afin que sa toute-puissance paraisse mieux. Ce récit, fait avec simplicité, vous serait fort utile, j'en conviens; il affermirait votre foi, il augmenterait votre confiance, il vous inspirerait surtout les plus vifs sentiments de reconnaissance pour le Cœur adorable de N.-S. qui vous a tant protégés. Mais la prudence le permet-elle? Ces événements sont contemporains, les principaux acteurs vivent encore; ceux qui sont morts méritent notre vénération; pourquoi éterniser tant de faits qui n'arriveront que trop tard à l'oubli? D'ailleurs, pourquoi raconter nos tribulations? en quoi nous ont-elles nui? ne leur devons-nous pas l'établissement de cette Œuvre, sa formation successive, cette constance en particulier, qui nous fait défaut au milieu de faciles succès? Vous donc, mes chers enfants, vous les plus anciens de cette Œuvre, qui avez tout vu et peut-être tout retenu, je vous en conjure, ne conservez le souvenir que de ceux qui vous ont protégés, qui ont entouré votre berceau de tant de sollicitude. Que les autres soient oubliés, ou, si vous ne pouvez effacer leur mémoire, songez qu'ils vous ont autant rendu de services que vos meilleurs amis, les uns et les autres ayant été les instruments des miséricordes de Dieu sur vous et sur cet asile béni, qui a abrité les plus belles années de votre vie.

Voilà, mes chers enfants, ce que je n'ai cessé de vous dire depuis bien des années — rendez-moi ce témoignage — au milieu même des luttes les plus vives. Cependant, les raisons que vous m'avez données ont fini par me gagner à votre sentiment; je conviens que le récit de notre fondation est plein d'intérêt pour vous qui en fûtes les témoins, et plus encore peut-être pour ceux qui, venus plus tard, ne savent pas tout ce que le bon Dieu a fait pour eux. D'ailleurs, vous étiez tous si jeunes à l'époque de nos débuts, qu'aucun de vous n'a bien pu juger ce qui se passait dans l'Œuvre. Et depuis notre fondation définitive, que d'événements heureux et importants sont arrivés! Pourquoi en perdre la mémoire ou les conserver seulement dans la poussière des archives de l'Œuvre? Ne peut-on pas glisser sur les faits fâcheux, les dissimuler au besoin pour ne raconter que ceux qui furent heureux pour nous? Et, si je n'écris pas cette histoire, qui le fera après ma mort? Les plus âgés d'entre vous n'avaient pas quatorze ans à notre fondation.

Ces raisons, d'ailleurs fort graves, j'en conviens, n'auraient peut-être pas surmonté la répugnance bien légitime que j'éprouve à faire un récit dont je puis dire avec le poète :

...... Quæque ipse miserrima vidi
Et quorum pars magna fui......

Mais un dernier motif, plus considérable que les autres, m'a décidé : c'est celui de vous être agréable, en cédant à vos pressantes sollicitations. Vous faire plaisir, vous le savez, est le bonheur de ma vie, le plus grand dédommagement aux peines d'une existence si agitée. Puissiez-vous donc lire ce récit avec les mêmes pensées qui me l'ont inspiré : attachement toujours plus grand pour votre Œuvre chérie, que vous connaîtrez mieux désormais, reconnaissance plus grande, je ne dis pas assez, plus immense pour le Cœur adorable de Notre-Seigneur Jésus-Christ, le divin Protecteur de notre Œuvre, qui n'a cessé un seul moment de vous combler de ses bienfaits.

TIMON-DAVID,

Directeur de l'Œuvre de la Jeunesse.

CHAPITRE PREMIER

LES FONDATEURS DE L'ŒUVRE.

Fundavit eam Altissimus.
(Ps. 86, v. 5.)

JE voudrais vous dire, avant tout, le nom du fondateur de cette Œuvre, pour vouer sa mémoire bénie à votre éternel souvenir. Quelle reconnaissance ne lui devriez-vous pas? Après Dieu, qui mériterait plus votre gratitude? Mais je me trouve arrêté dès le commencement de ce petit travail. Les œuvres de Dieu, dans l'ordre moral, sont comme ses œuvres dans l'ordre physique. Qui peut dire où est la source des plus grandes rivières? Mille petits ruisseaux concourent à leur formation, et souvent ce sont les moins importants qui donnent leur nom aux plus grands fleuves.

Bien des personnes ont travaillé à notre fondation, mais aucune n'a tout fait. Bien plus, nous devons compter parmi nos fondateurs ceux même qui nous ont le plus contrariés, leurs oppositions ayant servi, dans les desseins de Dieu, à nous faire le plus grand bien, quoique nous ne le vissions pas tout d'abord.

L'idée première des Œuvres de Jeunesse est aussi ancienne que l'Eglise. De tout temps on a soigné les enfants et les jeunes gens, les moyens seuls ont varié selon les besoins et les tendances des époques; de tout temps, par conséquent, il y a eu des Œuvres de Jeunesse. Ce sont cependant les prêtres du Bon-Pasteur qui leur donnèrent, à Marseille, cette forme qui n'a presque plus varié depuis. Vous avez tous entendu parler de ces saints prêtres, unis en société séculière pendant les cinquante années avant la Révolution. Je vous ai raconté bien des fois les beaux traits de leur vie, je vous ai dit notre bonheur de recueillir provisoirement leur héritage, jusqu'à ce que nous fassions enfin renaître leur association et leurs vertus. Quelques-uns d'entre eux, désignés par leurs supérieurs, prenaient le nom de *Pères de Jeunesse*, et dirigeaient les Œuvres qu'abritait le local de la rue du Bon-Pasteur, près la porte d'Aix.

Le vénérable M. Allemand, élevé dans cette maison, lui avait conservé le plus vif attachement. Elle avait neutralisé les fâcheuses influences de sa maison paternelle et de son collége trop janséniste. Aussi, dès qu'un peu de tranquillité eut succédé aux désastres de l'Eglise, M. Allemand ressuscitait son Œuvre chérie, le troisième dimanche de mai

1799, dans un humble local de la rue du Laurier, aujourd'hui rue de la Bibliothèque, où vous pouvez voir sa vieille petite chapelle encore debout. M. Allemand avait continué l'idée des prêtres du Bon-Pasteur, nous avons continué l'idée de M. Allemand, les uns et les autres ont une large part dans notre fondation.

Je raconterai, au chapitre suivant, ce que fit un autre saint prêtre, M. l'abbé Jullien, pour notre établissement. Un moment, il fut l'instituteur immédiat de notre Œuvre; mais, peu après, un autre prêtre bien vénérable, qui devait vivre trop peu, M. le chanoine Brunello, devenait aussi, pour peu de temps, notre vrai fondateur.

Il en résulte que tous les quatre nous ont vraiment établis : les prêtres du Bon-Pasteur, pour avoir eu l'idée première des Œuvres d'ouvriers; M. Allemand, pour l'avoir ressuscitée et maintenue pendant tant d'années pour les enfants des classes moyennes; M. Jullien, pour l'avoir appliquée de nouveau aux ouvriers et nous avoir appelé à son aide; M. Brunello, en nous secondant puissamment dans nos débuts.

Et pourtant, quelle qu'ait été leur part dans l'établissement de notre Œuvre, aucun ne l'a eue assez grande pour s'en dire le vrai fondateur. Quelques-uns même ont assez détruit d'une main ce qu'ils avaient fait de l'autre, pour que leur premier concours ait été plus vite oublié. Aussi, après bien des années de vicissitudes, quand nous avons enfin construit notre maison dans notre propre local, nous avons voulu que la gloire de notre établissement revînt à notre vrai et unique fondateur. L'image du Cœur adorable de N.-S. J.-C. orne notre frontispice, et l'inscription que vous lisez sur notre principale façade, témoin de vos jeux, vous répète sans cesse : *Fundavit eam Altissimus.* Le Très-Haut a été notre seul fondateur, dans le sens le plus strict du mot. Il s'est servi de plusieurs pour peu de temps, parce que les moyens naturels sont les voies ordinaires de la Providence; mais il a voulu que ce fût pour peu de temps et d'une manière très-incomplète, afin que nous pussions constamment redire que lui seul nous avait établis, et que lui seul nous garderait, tant que nous saurions, par notre bon esprit, le garder au milieu de nous. *Fundavit eam Altissimus ; Deus in medio ejus non commovebitur.*

CHAPITRE II

LA PREMIÈRE IDÉE D'UNE ŒUVRE DE JEUNESSE.

Infirma mundi elegit Deus..... ut non
glorietur omnis caro in conspectu ejus.
(I Cor. I. 29.)

ENDANT les dernières années de Louis-Philippe, un sourd travail de décomposition s'était opéré dans le sein des classes ouvrières. L'impiété et l'immoralité, qui avaient corrompu la bourgeoisie et fait la grande Révolution, avaient, comme un chancre, envahi ce pauvre peuple, gâté de propos délibéré, pendant quinze années de suite, par les plus abominables doctrines. Les bons esprits prévoyaient une inévitable révolution ; d'autres, plus courageux, tâchaient de la prévenir ; de là, les nombreuses associations ouvrières qui se fondaient de toute part. Isolés de leurs patrons, surtout dans les grands centres industriels, les ouvriers prenaient contre tout ce qui n'était pas eux, cet esprit de haine qui devait engendrer tôt ou tard la révolte contre toutes les supériorités intellectuelles ou sociales. Il appartenait à l'Eglise de donner le remède, et, dans l'Eglise, à cette société célèbre des Jésuites, toujours à la tête du mouvement religieux. Les Conférences de saint François-Xavier furent donc fondées à Paris; les patrons et les ouvriers s'y trouvèrent rapprochés et bientôt confondus. J'ai vu moi-même plusieurs séances présidées par des illustrations comme le P. Lacordaire, où plus de deux mille ouvriers se réunissaient dans les cryptes de Saint-Sulpice. Ces efforts arrivaient trop tard, ils ne devaient pas avoir un succès complet; mais le branle était donné, l'attention se portait sur les misères matérielles et morales de la classe ouvrière. D'ailleurs, c'est déjà beaucoup, dans les moments de crise, d'établir un centre d'union pour le petit nombre de ceux qui ne veulent pas prendre part au débordement général des mauvaises doctrines. Cela maintient le flambeau de la Foi toujours allumé dans chaque classe de chrétiens. Dans les temps d'anarchie morale ou matérielle, l'isolement énerve les meilleures âmes et achève de les perdre, souvent pour toujours.

Les jésuites n'étaient pas seuls dans les Œuvres d'ouvriers. Ils provoquaient et acceptaient tous les concours dans ce travail au profit de tous. Une fois le mouvement donné, des Conférences s'établirent dans presque toutes les paroisses de Paris et sous

toutes sortes de directions. Il fallait parler aux
ouvriers le langage de la Foi et de leurs véritables
intérêts, au lieu de leur prêcher des doctrines per-
fides qui les irritaient sans les rendre plus heureux ;
peu importe d'où leur venait ce langage. Bientôt ce
mouvement se répandit en province.

Parmi ceux qui s'occupaient avec le plus de zèle de
cette Œuvre admirable, il y avait un ecclésiastique
que je ne puis vous nommer, et parce que je n'y suis
pas autorisé et parce que, peut-être, la légende s'est
mêlée aux récits qu'on faisait de lui. Depuis quatorze ans, disait-on, il était diacre, portait l'habit
laïque, avec l'autorisation de ses supérieurs, afin de
se fondre plus facilement avec ces ouvriers auxquels
il avait consacré un entrain et un zèle merveilleux.
Au mois de mai 1845, je faisais, au séminaire de
Saint-Sulpice, ma retraite pour recevoir le diaconat.
Cet ecclésiastique la fit avec nous pour recevoir la
prêtrise. Je fis sa connaissance ; nous causâmes
beaucoup pendant les récréations ; ses récits m'en-
thousiasmaient. Sa première messe fut célébrée à
Notre-Dame de Paris, au milieu d'un prodigieux
concours d'ouvriers, venus pour fêter leur bienfai-
teur, devenu enfin leur père. Après cette ordination,
j'eusse probablement perdu son souvenir, sans un
événement fortuit, par la permission du bon Dieu,
la véritable cause de la fondation de notre Œuvre.
Permettez-moi de vous le raconter avec quelques

détails, malgré son peu d'importance, à cause de ses conséquences pour vous.

A la fin de septembre 1845, je terminais mes vacances à cette campagne de la Viste que vous connaissez tous si bien, depuis que nous y avons passé ensemble de si délicieuses récréations. J'étais venu en ville pour quelques dernières commissions, et le surlendemain j'allais finir à Paris mes études théologiques, quand je reçus de cet ecclésiastique une lettre, religieusement conservée depuis, à cause des suites qu'elle eut si tôt.

« Paris, le 22 septembre 1845, fête de saint Maurice,

« MONSIEUR L'ABBÉ,

« Je viens comme un importun, au milieu de vos courtes vacances, vous prier de me rendre un service. Vous savez que je m'occupe de tout ce qui concerne les classes ouvrières et en particulier de ce qu'elles peuvent espérer du patronage de l'Église, je ne dirai pas pour arriver au ciel, où elles ne sauraient arriver autrement, mais pour s'entr'aider sur la terre, où l'égoïsme et l'isolement enfantent la misère que la charité seule et des associations fraternelles parviendront à soulager.

« Je sais que nos saintes églises méridionales ont

réuni et qu'elles maintiennent des confréries nombreuses et diverses, qui rendent de grands services au double point de vue de la vie présente et de.la vie future. Il me serait très utile de connaître leur origine, leur organisation, leurs rapports avec les autorités religieuses, civiles et municipales, leurs exercices divers, soit généraux, soit particuliers, dans l'église ou à la campagne; leurs fêtes, leurs costumes, leurs bannières, les droits pécuniaires qu'on leur fait payer tant à la réception de chaque membre qu'aux diverses réunions où ils se rassemblent; leurs devoirs les uns par rapport aux autres, les avantages et les garanties qu'ils trouvent en cas de maladie et de chômage, les patrons qui les soutiennent et par quels sacrifices; les directeurs qui les gouvernent et d'après quelles règles, etc. Il doit y avoir à Marseille des livres spéciaux où se trouvent, avec l'historique des confréries, les statuts de chacune d'elles. Si par hasard je ne me trompais pas dans mes prévisions, je vous serais fort obligé, Monsieur l'Abbé, si vous me procuriez ces livres et ces documents, dont j'aurais l'honneur de vous remettre le prix avec mes remercîments.

« Je suis bien hardi, n'est-ce pas, de m'adresser ainsi à vous sans façon; mais vous m'avez paru si bon, si zélé, que je me décide à vous importuner, sûr que les motifs qui m'animent sont les vôtres, et que vous serez heureux de contribuer à l'amélioration physique et morale de nos pauvres frères de Paris.

« Agréez, Monsieur l'Abbé, avec mes excuses, l'assurance de ma considération très distinguée.

« L......,

« Prêtre, Directeur de la Maison des Ouvriers et du Placement gratuit. »

Je n'avais que quelques heures à passer à Marseille, je ne savais où m'adresser pour tant de renseignements. On me dit qu'un prêtre rempli de zèle s'occupe des ouvriers sur une très grande échelle ; il me donnera, sans doute, tout d'un coup, les renseignements que je désire. Absent du diocèse depuis dix ans, c'était la première fois que j'entendais nommer ce prêtre. Mais où le rencontrer ? tous sont à la retraite ecclésiastique, au séminaire. J'essaye cependant d'aller à Notre-Dame-du-Mont où il était vicaire. Je rencontre un seul prêtre dans la rue : « Pardon, Monsieur l'abbé, seriez-vous assez bon pour me dire où je pourrai trouver M. l'abbé Jullien ? — C'est moi-même. — Ah ! veuillez avoir la bonté de me donner ces renseignements qu'on me demande de Paris. » Il lit ma lettre, me propose de l'accompagner au local de la Loubière, où s'élevaient de colossales constructions. En route, il me fait part de ses projets, me développe ses plans. Après plus

de trente-trois ans, comment pourrais-je vous répéter tout ce qu'il me dit? Jamais je n'ai rencontré
une imagination si ardente, un cœur plus brûlant;
avec un extérieur négligé, une éducation première
incomplète, il s'élevait, quand une passion l'agitait,
jusqu'à l'éloquence la plus vraie et la plus naturelle.
Il avait vraiment ce *pectus quod disertos facit.* Je
passai une heure avec lui, cela lui suffit pour me
dépeindre, avec des traits saisissants, les misères
morales des pauvres ouvriers perdus pour l'Eglise,
perdus pour leur éternité, si quelque secours extraordinaire ne venait les ramener à Dieu, en même
temps qu'à leur bien-être matériel. Son intention
était donc de les réunir, pas seulement un à un,
comme le font tous les bons prêtres, pas même par
centaines, comme peuvent le faire d'autres associations, mais par milliers et par milliers. C'est pour
cela qu'il avait acheté cet immense local dont vous
ne voyez plus qu'une faible partie; il y bâtissait
une grande église et la plus vaste salle de Marseille.
Seulement, ces soins matériels l'absorbaient : il lui
fallait quêter du matin jusqu'au soir, surveiller les
ouvriers, tenir tête à mille préoccupations. Quelle
que fût sa prodigieuse activité, il désirait un aide
pour les soins spirituels et surtout des enfants, espérances de l'avenir. Le croiriez-vous, mes chers
enfants, de ce moment je fus à lui. Je m'offris à
devenir cet aide, à partager ses ennuis, à le soulager

dans les soins spirituels. Dans moins d'une heure, ma vocation fut irrévocablement décidée. Comment pourriez-vous vous en étonner? Je n'avais que vingt-deux ans, j'avais toutes les illusions de la jeunesse; à cet âge, la vie matérielle, avec ses préoccupations abrutissantes, n'impressionne pas beaucoup; tout ce qui est dévouement, zèle, entre plus facilement dans le cœur. N'étais-je pas, d'ailleurs, élève de Saint-Sulpice, de cet admirable séminaire, source de tous les dévouements? N'avais-je pas été élevé au milieu 'de jeunes gens qui ne respiraient que le zèle? Les leçons de nos maîtres, les conversations de nos promenades, les exemples de nos condisciples, tout nous portait à ce beau idéal de la vie apostolique, malheureusement si inconnu dans d'autres maisons n'ayant que le service paroissial de leur diocèse pour objectif. Me vouer au service des ouvriers me parut le plus beau des ministères; aussi, tout fut decidé dans un moment. M. Jullien ne dut pas trouver non plus cette affaire bien mauvaise. Il avait besoin d'un aide, il était trop seul pour ses immenses projets; aussi voulut-il profiter de ce premier moment d'enthousiasme. Dès le lendemain, il venait à la Viste, et, dans ce salon que vous connaissez, tous les détails furent réglés : je retournerai à Saint-Sulpice, je reviendrai au mois de juillet 1846, après mon ordination; dans l'intervalle, M. Jullien, fortement protégé par M. le

Prévôt du Chapitre (1), obtiendrait l'agrément de l'Évêque, très sympathique, d'ailleurs, à son Œuvre. En effet, je partis le lendemain pour Saint-Sulpice, heureux, ravi de cet horizon qui s'ouvrait devant moi et dont je ne voyais, dans ma jeunesse, que le côté séduisant.

Arrêtons-nous un moment pour considérer cette extraordinaire vocation. Humainement parlant, c'était un enfantillage qui ne devait pas avoir de suites. Une affaire si grave demande, selon les préceptes de saint Philippe de Néri, plus de temps, plus de prudence, plus de conseil. Et cependant la suite a bien prouvé que cette vocation venait d'En-Haut. Dieu a mille manières de faire connaître sa volonté ; mais elle paraît davantage, quand les moyens humains font défaut. Personne ne peut revendiquer l'honneur de cette décision, personne ne m'en donna le conseil. Le 27 septembre au matin, M. Jullien, qui ne m'avait jamais vu, n'y pensait pas plus que moi ; je ne savais pas même son nom, et à midi tout était fini. Dieu vous garde cependant,

---

(1) M. Tempier, prévôt du Chapitre, vicaire général depuis le rétablissement de l'évêché de Marseille, en 1824, jusqu'à la mort de Mgr de Mazenod, en 1863, a été, avec son vénérable évêque, le véritable créateur de toutes les bonnes œuvres de ce diocèse, pendant quarante ans. Aussi sa mémoire sera éternelle dans ce diocèse qui lui doit tant.

mes chers enfants, de vous décider jamais d'une pareille manière. Ne faites jamais rien sans l'avis de vos directeurs et sans avoir longtemps consulté le bon Dieu ; et pourtant, vous l'avouerai-je, j'aimerais mieux quelquefois pour vous cette imprudence de décision que cette lenteur et cette incertitude que je vous reproche si souvent comme le malheur d'un si grand nombre d'entre vous. Les travaux de la vie matérielle vous absorbent dès vos jeunes années ; plus que personne, vous avez besoin qu'on vous prêche cette vie de dévouement, bonheur de votre existence, et que vous remplacez trop fréquemment par l'ivresse des plaisirs défendus, usant toutes les plus belles facultés de votre âme sans vous satisfaire jamais. Aussi dois-je compter parmi les plus beaux succès de cette Œuvre ce don que quelques-uns d'entre vous ont su faire de leur avenir, de leur position, de leur fortune, de tout eux-mêmes, pour se consacrer enfin au service de leurs plus jeunes frères et assurer l'existence de cette maison.

Je retournai donc à Saint-Sulpice ; mais cette vie de séminaire si pieuse, si savante, avec ce calme qui me l'avait fait chérir pendant trois ans ; cette vie avec ces maîtres si bons, si dévoués, avec ces amis si tendres et si pieux, cette vie, dis-je, me parut insupportable, dès ce moment. C'est que le séminaire c'était le présent avec ses certitudes ; l'Œuvre des Ouvriers, c'était l'avenir avec ses espérances et ses anxiétés. Aussi, lorsqu'à la fin de février 1846 de graves raisons de famille m'obligèrent à revenir subitement, par l'ordre de mes directeurs, je m'en réjouis presque, à cause des ardents désirs qui me dévoraient. J'arrivai à Marseille dans les premiers jours de mars, et le dimanche suivant, 9 courant, je prêchais pour la première fois aux nombreux enfants réunis dans la chapelle de la rue Nau. Je n'étais encore que diacre.

CHAPITRE III

LE CATÉCHISME DE PERSÉVÉRANCE.
NOVICIAT DE NOTRE ŒUVRE.

> Nisi granum frumenti cadens in terra
> mortuum fuerit ipsum solum manet. Si
> autem mortuum fuerit, multum fructum
> affert.　(Joan. XII, 24.)

Il est rare que les œuvres de Dieu se fondent tout d'un coup; en général, celui qui les commence ne sait pas au juste ce qu'il va faire; les événements fixent ordinairement ses idées, ou si parfois le fondateur forme trop exactement ses projets, la Providence, le plus souvent, les renverse, parce que sa main seule veut paraître dans les œuvres qui ne doivent venir que d'elle-même.

M. Jullien voulait faire une Œuvre d'ouvriers; mais il la voyait trop en gros, avec mille ramifications qu'il eut peut-être le tort de vouloir à la fois ou dans trop peu de temps. J'étais trop jeune, trop inexpérimenté pour m'occuper des hommes faits; d'ailleurs, mon attrait me portait vers les enfants; c'est d'eux que je fus chargé. L'Œuvre de la Loubière, remplie de maçons, de matériaux, sans murs de clôture, ne pouvait encore nous réunir ; nous prîmes possession du local de la rue Nau, actuellement occupé par les Pères du Saint-Sacrement, qui appartenait alors à M. Jullien.

Dans les premiers temps, tout se bornait à de courts offices qu'un prêtre italien faisait le dimanche. Je prêchais ensuite, et nous terminions la journée par quelques jeux, dans une portion du local de la Loubière. Les enfants des Frères de la division du Midi venaient d'abord seuls à nos exercices, peu à peu nous reçûmes aussi ceux de la division du Nord, et enfin les enfants libres qui travaillaient déjà.

Je fus ordonné prêtre le 28 juin de cette année 1846. Le jour de saint Pierre, j'eus le bonheur de dire ma première messe à Saint-Vincent-de-Paul, l'église où j'avais été baptisé. M. Jullien m'assista à l'autel qu'entouraient des centaines d'enfants, et, dès le lendemain, sans plus tarder, muni de mes pouvoirs pour la confession et la prédication, je me mis à la besogne, sans perdre une minute. J'étais en même temps nommé aumônier des trois cents enfants de la Société de Bienfaisance et de Charité de la rue Neuve.

Mᵍʳ de Mazenod avait été autrefois catéchiste à Saint-Sulpice ; il savait, par sa propre expérience, tout le bien que font ces réunions ; son intention formelle était de les établir sur le modèle de ce célè-

bre séminaire, dans toutes les paroisses de Marseille.
Selon ses désirs, on m'avait fait chef d'un catéchisme
à Saint-Sulpice, pendant trois ans ; j'en possédais
donc la méthode ; il me chargea de les établir de la
même manière. On me donna quatre séminaristes
qui, tous les dimanches, faisaient avec moi le Catéchisme de Persévérance, pendant deux heures. Plus
tard, à la rentrée des classes, au mois d'octobre 1846,
quatre autres me furent adjoints, le jeudi, pour le
catéchisme de première communion. Ce fut le noyau
et comme le noviciat de notre Œuvre future.
L'énergique volonté de Mgr de Mazenod y fit affluer
les enfants, malgré toutes les oppositions, et je ne
crois pas que jamais catéchisme ait été plus nombreux et plus brillant, à Marseille. Son souvenir
étant à peu près effacé aujourd'hui, je vais vous raconter ses principaux épisodes.

Dans l'espace de moins d'un an, cinq cents enfants
de douze à quatorze ans fréquentèrent nos deux
réunions. J'ai soigneusement conservé leurs noms
avec les registres d'inscription que, dès lors, nous
tenions avec assez de régularité. L'organisation du
Catéchisme de Persévérance, avec ses trois cents
enfants ou jeunes gens, était celle de Saint-Sulpice ;
nous y joignîmes les récréations : c'était encore
l'Œuvre en germe. Je disais, le dimanche, la sainte
messe à huit heures. Les enfants, surveillés par leurs
quatre catéchistes, chantaient des cantiques ou

lisaient à haute voix les prières de la messe. On récitait ensuite, pendant un quart d'heure, la leçon
indiquée; le bon point, fait par moi-même, répétait
l'instruction précédente; un catéchiste faisait en
chaire, pendant demi-heure, l'instruction du jour;
les enfants prenaient des notes au crayon, et le dimanche suivant m'apportaient leurs résumés ou
diligences. J'en ai conservé un grand nombre dans
nos archives, et quelques-unes étaient certainement
très bien faites. Une récompense plus ou moins
grande était accordée à chaque diligence. Un autre
catéchiste faisait une homélie de quelques minutes
sur l'évangile du jour, et je terminais par des avis
cette séance qui durait toujours deux heures, sans
ennui pour les enfants, à cause de la variété des
exercices interrompus par le chant des cantiques.
Nos élèves recevaient dans ces séances une instruction religieuse très développée; les catéchistes eux-
mêmes se formaient à ce difficile ministère, et les
désirs de l'évêque avaient fait choisir l'élite du grand
séminaire. J'ai eu la mauvaise chance de perdre la
liste de mes collaborateurs; quelques-uns seulement
sont restés dans mon souvenir : je citerai M. l'abbé
Espitalier, mort vicaire de la Palud, emportant
d'unanimes regrets; MM. Antoine Olive, aujour-
d'hui chanoine honoraire; Roque, aujourd'hui
oblat; Brassevin, curé de Saint-Charles *extra-muros*;
Cat, curé de Cassis, etc.

L'instruction religieuse, but direct de ce catéchisme, n'était pas sa seule fin; les devoirs de la
piété occupaient, dès lors, une grande place. Presque tous les jours, je confessais nos enfants dans
leurs écoles; ceux qui voulaient s'approcher de la
Sainte Table venaient me trouver, le samedi soir, à
ma maison des allées des Capucines, n° 29, et,
plus tard, du cours Devilliers, n° 42. Nous avions
ainsi quelques communions tous les dimanches, et
presque tous s'approchaient de la Sainte Table les
jours de nos fêtes. Les jeux, après le catéchisme,
remplissaient le reste de la journée. Le matin, nous
jouions, avant l'exercice, dans la petite cour de la
rue Nau, et, après vêpres, dans le local de la Loubière. Après notre séparation d'avec M. Jullien,
quand nous fûmes à la rue Sibié, les enfants jouaient,
le matin, sur la plaine Saint-Michel, place alors
presque déserte, mal nivelée, irrégulière, sans arbres,
sans eaux, bâtie à peine d'un seul côté, et que le gaz
n'éclairait pas encore. Le soir, nous allions jouer
aux barres dans les campagnes, quand on voulait
bien nous recevoir, et le plus souvent aux Chartreux
ou au Pharo. Vous le voyez, sauf le local que nous
n'avions pas encore, c'était toute l'idée de l'Œuvre
que nous suivions d'instinct. Que de vicissitudes il
fallut traverser avant de lui donner tout son développement! Le jeudi, nous partions ordinairement
à une heure et demie pour la Viste, nous jouions

aux voleurs dans les bois, nous revenions le soir, assez harassés de fatigue, après quatorze kilomètres de marche, et tant de courses dans le vallon des Aygalades. Qu'on juge des trouées que tous ces gosiers altérés devaient faire aux dames-jeannes de ma complaisante mère! Elle avait encore la bonté de leur donner souvent de grands dîners. Tout cela attirait nos enfants, je le croyais du moins, et nous les retenait un peu.

Le catéchisme de première communion était presque aussi important que celui de Persévérance, puisqu'il réunit dans une seule année deux cent cinquante-un enfants, que je croyais l'espérance et l'aliment futur de notre grand catéchisme. Les réunions avaient lieu tous les jeudis matin, à dix heures. M⁺ l'Evêque avait décidé que tous les enfants des Frères de N.-D. du Mont et de Saint-Vincent-de-Paul en feraient partie, mais que chacun d'eux ferait ensuite sa première communion dans sa paroisse respective. En effet, quatre-vingt-dix-sept s'approchèrent de la Sainte Table, le 27 mai 1847 : c'était la presque totalité de ceux qui avaient l'âge réglementaire.

Les jours de grande fête, ces deux catéchismes se réunissaient et ces fêtes étaient fort brillantes. La première eut lieu à la rue Nau, sous la présidence de M. Jeancard, alors chanoine et vicaire-général, depuis évêque de Cérame. Le nom de M⁺ Jeancard se retrouvera mêlé, pendant de longues années, aux plus grandes joies de notre Œuvre. Soixante-deux enfants, jugés dignes de cette faveur, prononcèrent tous ensemble, devant lui, leur consécration à N.-D.-de-Persévérance : c'était alors la formule de réception. J'ai conservé toutes ces consécrations, écrites de leurs mains; je les revois avec bonheur : c'était le prélude des belles réceptions que nous devions faire, un jour, dans notre Œuvre définitivement établie. Je me plais souvent à mé figurer que Dieu se ressouviendra de ces consécrations, faites avec tant de sincérité à sa divine Mère, et plus tard à son Cœur sacré; et l'une de mes plus douces illusions est l'espérance de pouvoir les représenter par milliers au pied du trône de Dieu, au jour de son jugement.

Une plus belle fête eut lieu, le 20 septembre 1846, à la chapelle de la rue Nau, sous la présidence de Mgr de Mazenod lui-même; c'était une bien grande faveur pour une Œuvre naissante. La solennité fut très brillante, les communions nombreuses, les chants parfaitement exécutés, tradition qui ne s'est pas toujours exactement conservée à l'Œuvre. Monseigneur interrogea les enfants, fut ravi de leurs réponses, le succès dépassa toutes mes espérances; seize enfants firent encore leur consécration devant lui. Je les vois encore agenouillés sur la première marche du sanctuaire et notre vénérable Évêque, avec son excessive sensibilité, les interrompant, aux premiers mots, pour les faire approcher plus près de lui comme pour les enlacer tous ensemble dans ses bras, et les bénir ensuite avec une effusion et des paroles que je n'oublierai jamais. Après la cérémonie, M. Jullien offrit à Monseigneur un splendide déjeuner dans une des maisons de la Loubière qu'on venait à peine de finir. C'était la première fois que Monseigneur présidait une solennité chez M. Jullien, et, sous l'impression heureuse de ce qu'il venait de voir, les paroles les plus tendres et les plus élogieuses vinrent m'encourager à mieux faire à l'avenir.

Je ne mentionne qu'en passant notre troisième fête, le 25 décembre 1846; il y eut sept nouvelles consécrations.

Enfin, la dernière et la plus belle de nos fêtes, encore présidée par Mgr de Mazenod, eut lieu, le 20 juin 1847, dans la chapelle des Dames de l'Espérance, rue Sibié. Les communions furent si nombreuses qu'elles trompèrent mes prévisions, les saintes espèces manquèrent pour plusieurs. Nos deux catéchismes étaient réunis, onze enfants firent encore leur consécration; c'était, en tout, près de cent enfants que nous avions eu le bonheur, dans une seule année, de consacrer à la Très-Sainte Vierge, après les épreuves d'un long noviciat; c'était la fleur de notre Grand Catéchisme. Une magnifique distribution de prix récompensa les meilleurs. Chaque enfant venait recevoir ses livres des mains de Sa Grandeur, au pied de l'autel, et allait les déposer ensuite aux pieds de la statue de la Sainte Vierge, à l'entrée du sanctuaire. Monseigneur fut bien content, nous le redit souvent ; plus de trois cents enfants remplissaient l'église, trop étroite pour la foule des parents. Je ne dois pas oublier qu'à cette époque déjà, de bons amis m'aidaient par leurs dons à toutes ces dépenses que je n'eusse pu faire tout seul.

Nous étions à la rue Sibié, viens-je de dire, dans la chapelle que les Dames de l'Espérance, avec une complaisance parfaite, avaient mise à notre disposition. Je dois raconter pourquoi nous n'étions plus chez M. Jullien. Ce récit n'a rien que de très honorable pour tout le monde ; c'est cependant le récit de la première de nos tribulations, c'est la première marque de cette protection signalée que le bon Dieu n'a cessé d'avoir pour nous ; je vais donc vous le conter avec le plus de prudence possible ; le souvenir des plus anciens complètera ce qui ne peut entrer dans cette histoire.

N'oubliez pas, mes chers enfants, que j'étais fort jeune, j'avais à peine l'âge de plusieurs d'entre vous. La timidité de la jeunesse, mon inexpérience des choses de la vie, ne me permettaient pas de me passer de conseils et de direction. J'avais précisément bien près de moi un homme, que je ne puis vous

nommer, que tout Marseille connaissait pour son
honnêteté proverbiale, son excessive prudence, sa
grande connaissance des affaires. Son influence sur
moi était absolue. L'immensité des entreprises de
M. Jullien l'épouvantait. Ce n'était pas seulement
une Œuvre d'ouvriers qu'il avait faite, tous les
âges et tous les sexes étaient l'objet de son zèle inconcevable. Tant qu'il restait à faire, il lui semblait
qu'il n'avait rien fait; il entreprenait donc tout.
Pour les ouvriers, il y avait une société de Saint-
François-Xavier, une caisse de secours, une musique militaire, une classe du soir et nos deux
catéchismes. Pour les femmes, une crèche pour les
nourrissons, une salle d'asile pour les enfants, un
ouvroir pour les jeunes filles, un asile pour les
vieilles, et j'oublie bien d'autres œuvres encore. Les
deux locaux de la Loubière et de la rue Nau avaient
été achetés à crédit, les constructions payées avec
des emprunts; l'entretien de tant d'établissements
et les intérêts coûtaient des frais immenses. Comment pouvait-il y subvenir ? Par un zèle, une activité dont rien ne peut donner une idée. N'oubliez
pas qu'aucune de ses Œuvres n'a été perdue. Dieu
lui a refusé la gloire de les continuer, mais il a eu
celle d'en donner l'idée, d'essayer l'exécution.
Les crèches et les asiles se sont multipliés dans
Marseille, qui ne les connaissait pas encore; les
ouvroirs sont dans vingt endroits; les dames de

Saint-Vincent-de-Paul, qu'il a été presque le premier à faire venir à Marseille, se sont établies en très grand nombre dans notre ville ; enfin le Cercle *Saint-Joseph*, fondé par un saint et illustre jésuite, le R. P. Tissier, a remplacé, avec beaucoup d'avantages, les anciennes Conférences de Saint-François-Xavier. Il a fallu de nombreuses années pour refaire ces Œuvres ; lui, dans moins de deux ans, avait tout fait, et comme, après tout, ces Œuvres subsistent encore dans leur forme principale, on peut bien dire de lui : *Defunctus adhuc loquitur* (Hebr. XI, 4).

La prudence, qui est aussi une vertu morale, s'effrayait cependant d'entreprises si nombreuses. On me fit demander quelques explications, on voulut que je visse les écritures. Les explications furent navrantes, les écritures n'existaient pas. Un esprit essentiellement créateur présidait à tout ; l'organisation, les précautions n'étaient nulle part. On ne saurait l'en blâmer, ceux que Dieu choisit pour donner l'impulsion s'arrêtent peu aux calculs de la prudence humaine ; ils vont de l'avant, sans penser à l'avenir. Tous les saints ont eu cette grande folie. Il fallait, peut-être, qu'il en fût ainsi, dans un moment où les ouvriers, étrangement oubliés, allaient bientôt montrer leur puissance révolutionnaire dans la catastrophe de Février 1848 Mais moi, qui n'avais pas cette portée et cette étendue dans les idées, je m'effrayais de cette immense dette que j'évaluais à plus de 500,000 francs et que grossissaient chaque jour les frais d'exploitation et les intérêts à payer. De tristes scènes avaient lieu tous les jours sous mes yeux, les réclamations des créanciers étaient incessantes, souvent on s'adressait à moi, je me montais la tête et un grand découragement commença à me gagner.

Tout ceci se passait vers le mois d'août 1846 ; l'église de la Loubière fut bénie par M⁵ʳ de Mazenod le deuxième dimanche de l'Avent 1846. Après la cérémonie, M. Jullien me parla avec la plus grande effusion, me promit un temps d'arrêt, je crus à ses promesses, hélas ! la mort seule pouvait l'arrêter. Mais avant qu'elle vînt, une autre cause hâta notre séparation.

Un des plus respectables citoyens de Marseille, après avoir consacré sa vie et sa fortune aux bonnes œuvres, venait de mourir sans avoir achevé ses fondations. A la veille des grandes crises qui s'approchaient, Dieu, dans sa bonté, avait multiplié les plus admirables dévouements dans notre religieuse cité. Le vénérable M. Payen, entre autres œuvres, avait fondé, avec la collaboration d'un bien saint prêtre, une Œuvre de Jeunesse, dite de *Saint-Raphaël*. L'héritier de M. Payen, l'un des meilleurs enfants de M. Allemand, voulut confier cette maison à la direction de l'Œuvre de ce saint prêtre, mort depuis dix ans. C'était le moyen d'appliquer à la jeunesse ouvrière cette admirable méthode, qui produisait de si beaux résultats, depuis quarante-sept ans. Mais l'Œuvre de M. Allemand n'avait qu'un seul prêtre qui ne pouvait tenir à la direction de deux maisons séparées. Puis un grand nombre de bons esprits s'alarmaient de ce fait lui-même, qu'un prêtre seulement eût remplacé M. Allemand. On aurait voulu plusieurs ecclésiastiques pouvant s'entr'aider, se remplacer au besoin. A la mort de chaque directeur, il fallait s'adresser au premier venu, et quelque soin qu'on pût mettre dans ce choix, ce prêtre n'avait aucune connaissance des usages, de l'esprit et des traditions de l'Œuvre. Enfin, la partie n'était pas égale entre un seul prêtre et trente laïques ayant pour eux la propriété du local de l'Œuvre et aussi, il faut en convenir, la propriété de son véritable esprit. L'avenir n'a que trop montré combien ces craintes fondées étaient sagement prévues. On désirait donc de nouveaux directeurs qui pussent s'adjoindre au premier, avec autant d'ardeur que je désirais moi-même un local. On savait mes anxiétés ; pendant cinq mois, on me poussa à une rupture que j'ajournais tant que je pus. Cependant Msr de Mazenod ayant approuvé ce projet et m'ayant nommé directeur de l'Œuvre de Saint-Raphaël, je me séparais, le 2 février 1847, de l'excellent M. Jullien. Je donnais à l'œuvre de

M. Allemand le prêtre qu'elle cherchait sans pouvoir le trouver : elle me donnait le local et les
moyens de continuer mon Œuvre des Jeunes Ouvriers, que je voulais sauver d'un désastre trop
prévu. Il est inutile de rechercher qui donna le
plus de nous deux, il vaut mieux admettre que
nous fûmes quittes dans ces accords réciproques,
trop promptement rompus, avant d'être exécutés
des deux côtés.

Profondeur des desseins de Dieu ! Peu de jours
après, le donataire changea d'idée ; l'Œuvre de
Saint-Raphaël ne fut pas donnée à celle de M. Allemand, elle resta au prêtre vénérable qui la dirige
encore, avec une si admirable constance, depuis
1835, et, avec mes cinq cents enfants, je restai dans
les rues de Marseille. On m'avait inutilement com-
promis par une séparation trop hâtée, on chercha à
tout prix une autre combinaison ; mais, pendant ce
temps, nous demeurâmes sans asile. Cependant nos
deux catéchismes étaient si florissants que l'Evêché
s'émut de leur cessation ; Mgr de Mazenod m'or-
donna de continuer. La lettre suivante, écrite de sa
propre main, me fut d'un grand encouragement
dans ma douleur.

« Marseille, le 2 février 1847.

« Je vous autorise, mon cher abbé, à faire provi-
« soirement le catéchisme dans la chapelle des

« Dames de l'Espérance. J'entends que ce catéchisme
« soit suivi par les mêmes enfants qui le fréquen-
« taient, et qu'il soit fait de la manière que je l'avais
« réglé, avec le concours des séminaristes que j'ai
« désignés pour cela. Ne vous découragez pas pour
« les petites contrariétés que vous avez rencontrées.
« Il ne faut pas s'inquiéter de si peu de chose.
« Remplissez la mission que je vous ai donnée et
« ayez confiance en Dieu. Je vous salue affectueu-
« sement.

« † C.-J. Eugène,

« Evêque de Marseille. »

Cette lettre si bonne, qui reconnaissait implicitement notre réussite, puisqu'elle m'ordonnait de
continuer, me rendit courage. C'est le bonheur
des grands de pouvoir faire beaucoup de bien avec
quelques paroles. Les Dames de l'Espérance nous
reçurent avec grande charité, et pendant cinq
mois, grâces à elles, nos enfants ne s'aperçurent pas
du changement de local. Toutes ces vicissitudes
étaient un trait signalé de la bonté de Dieu, nous
menant peu à peu, à travers mille obscurités, vers
ce terme que nous devions atteindre au bout de dix
ans seulement. Que de fois on s'irrite contre la Providence renversant tous les desseins! Pourtant, quel
trait signalé de sa protection, dans cette séparation
imprudemment faite trop tôt! Que serions-nous

devenus, l'année suivante, lorsque la mort de
M. Jullien entraîna la chute de toutes ses entreprises? Quelle reconnaissance ne devons-nous pas
au bon Dieu, qui déjà nous avait donné un nouvel
asile, d'où nous pûmes contempler sans périls cette
grande catastrophe! Jamais, je ne puis trop le dire,
je ne suis arrivé, par les moyens de mon choix, au
but que je me proposais. Si j'eusse réussi selon mes
désirs, j'aurais fait mon œuvre propre; en allant
toujours vers l'inconnu, c'est l'œuvre de Dieu tout
seul qui s'est faite. M. Jullien, qui avait le meilleur
cœur qu'on pût voir, prompt, vif, comme un vrai
Provençal, mais sans fiel, sans rancune, ne fit rien
pour entraver ma nouvelle fondation. Il ne cessait
de me dire que la ville était grande, qu'il y avait
place pour tous les deux, qu'il garderait les hommes
et m'abandonnerait les enfants; il tint parole. Après
les premières émotions de la rupture, nos rapports,
quoique plus rares, devinrent excellents, et je dois
dire à ma honte qu'il fit toutes les avances. Il com-
prenait, avec son âge et son expérience, que nos caractères ne pouvaient s'accorder : je le trouvais trop
entreprenant, trop hardi; il me trouvait, avec raison,
trop timide, trop restreint dans mes idées; et de fait,
nous avions tous les deux raison, à ce que je crois.
Dieu l'avait destiné à donner l'impulsion à de
grandes œuvres; il lui fallait, pour cela, les ardeurs
et l'inconsidération du zèle; notre Œuvre devait

poursuivre un but plus restreint et plus durable, il lui fallait un cercle plus étroit et des moyens plus limités. Cependant notre rupture fut cause d'une autre tribulation bien grande, car rien n'a pu la faire cesser depuis trente-trois ans qu'elle dure ; j'aurai à en parler bien d'autres fois, car elle a eu la puissance d'arrêter, depuis tant d'années, la prospérité qu'eût pu atteindre notre Œuvre, et de tous les obstacles, c'est jusqu'ici le seul que nous n'ayons pu surmonter.

Les Œuvres de M. Jullien s'alimentaient presque exclusivement par les frères des Ecoles Chrétiennes, et ces frères avaient les plus grandes obligations à M. Jullien, fondateur de leurs écoles du soir. Ces liens réciproques rendaient leur position difficile avec nous. Mgr l'Evêque, on vient de le lire, avait ordonné que leurs enfants vinssent à nos réunions, d'autant plus que ceux du second catéchisme se fussent trouvés fort embarrassés au 2 février, pour faire au mois de mai leur première communion. Les enfants nous vinrent donc avec mille peines, mille réclamations jusqu'à la première communion; mais, dès le dimanche suivant, la débacle fut complète. Avec l'ignorance de mon âge, je m'imaginais qu'ayant pris tant de peine, surtout pendant les derniers mois, la reconnaissance des parents et des enfants me les attacherait après leur première communion. Je les avais tant aimés et tant soignés! Quel

crève-cœur quand je vis qu'il n'en était rien. Nos
réunions dérangeaient les frères ; obligés de diviser
leurs affections entre deux œuvres, ils ne pouvaient
hésiter dans leur choix. Peu à peu, je restai presque
seul, et c'est avec des peines infinies, des réclamations sans fin et l'intervention de l'autorité de
l'Evêque que je pus organiser cette fête du 20 juillet
1847, racontée plus haut. Grâces à Dieu, j'aurai le
bonheur de vous dire, dans le cours de ce récit, les
secours que nous reçûmes, au contraire, de plusieurs
frères de cette célèbre Société du bienheureux de La
Salle.

J'étais brisé des fatigues physiques et morales de
ces quatorze mois. J'avais entendu, depuis le
1" juillet, quatre mille confessions, fait deux catéchismes, dirigé l'aumônerie de la Bienfaisance avec
ses trois cents enfants ; tous mes efforts n'avaient eu
que des résultats transitoires, sans rien de définitif.
Je n'avais plus le local de la Loubière, qu'on m'avait
fait quitter ; je n'avais pas eu celui de Saint-Raphaël,
qu'on m'avait promis ; les frères ne laissaient plus
venir leurs enfants ; une fièvre typhoïde m'avait
presque conduit aux portes du tombeau : c'était
assez pour une première année ; il fallut tout interrompre, en m'arrachant violemment à tant de tribulations. On m'envoya à Fribourg, revoir l'asile
chéri de ma jeunesse, l'endroit où j'avais appris,
pendant sept ans, ce que valaient les âmes des

enfants, ayant vu de mes propres yeux tout ce que peut inspirer le zèle le plus éclairé pour la direction de la jeunesse.

J'aurais dû vous dire déjà tout ce que nous dûmes à Mgr de Mazenod, pendant cette année; mais, toujours pendant ce récit, j'aurai à vous parler de lui; car, après Dieu, nous pouvons le regarder comme le vrai fondateur de notre Œuvre. Ce n'est pas qu'il l'ait faite lui-même, et j'ai besoin de vous dire ici toute ma pensée. Quand une Œuvre nouvelle s'établit, les supérieurs ecclésiastiques ne peuvent l'approuver tout de suite. Toutes les œuvres religieuses sont bonnes en elles-mêmes; mais il leur faut l'opportunité, la sanction du temps et de l'expérience. Le temps c'est le grand bras de la Providence, l'expression la plus ordinaire de sa volonté. L'expérience dit si une œuvre est viable, si son fondateur, son but, ses moyens réunissent les conditions nécessaires à la durée. Les supérieurs doivent donc accueillir avec une certaine méfiance les œuvres nouvelles n'apportant pas encore ces preuves, et même, ils doivent les entraver, quelquefois pour d'excellentes raisons qui les frappent, d'autres fois sans pouvoir bien se rendre compte des motifs de leur opposition; c'est alors une épreuve nécessaire aux Œuvres nouvelles. S'il eût agi ainsi, Mgr de Mazenod eût tout simplement suivi les errements de la sagesse humaine la plus vulgaire, et nul ne saurait l'en blâmer.

Mais ce saint prélat, que Marseille pleure encore, voyait les choses de plus haut. Toute sa vie s'était passée dans les bonnes œuvres, il en avait une parfaite intelligence. Il avait fondé, au début de sa carrière sacerdotale, une Œuvre de Jeunesse à Aix, sa patrie. Il nous racontait souvent, avec une complaisance de vieillard, le bien qu'avait fait cette Œuvre, l'héroïsme de la vertu de ses membres, passant un jour devant le T.-S. Sacrement le temps de l'entrée de S. A. R. madame la duchesse de Berry, alors que la ville d'Aix, toute la Provence, la France entière se précipitait sur ses pas. Plus tard, il avait fondé la Congrégation des Oblats de Marie Immaculée, l'œuvre capitale de sa vie, Il avait connu, sans doute, dans cette fondation, toutes les contrariétés des oppositions des hommes ; aussi sa maxime était-elle qu'il fallait laisser faire les œuvres. « Si Dieu les veut, disait-il, rien ne pourra les empêcher de s'établir, je ne voudrais pas prendre la responsabilité de leur destruction ; et si Dieu ne les veut pas, elles tomberont d'elles-mêmes, sans mon intervention. » Sur ces principes, quand je fus ordonné prêtre, il ne voulut pas contrarier mon attrait, quoique la pénurie fût extrême dans le diocèse, où, en deux mois, quatre prêtres venaient de mourir de mort subite. Quand je quittai M. Jullien, et que Saint-Raphaël me manqua, il m'encouragea par une de ces paroles qui vont au cœur et font continuer ; et quand tout espoir, plus tard, fut perdu, il me permit de donner aux événements le temps nécessaire pour se prononcer, sans vouloir ni les prévenir, ni les entraver.

Je passai six semaines à Fribourg, où je célébrai le premier anniversaire de ma première messe. Je ne puis vous dire comment je fus reçu de mes anciens maîtres, après une séparation de cinq ans ; mes expressions ne pourraient rendre ma reconnaissance, qui est aussi vivace après trente-trois ans. Après cette année de luttes et d'anxiétés, je retrouvais tout le bonheur et toute l'insouciance de mes jeunes années. Le R. P. Recteur, le saint père Geoffroy, avait pris à tâche de me refaire et dans ma santé ébranlée et dans mon moral trop attristé. Une de ces scènes qu'on ne retrouve qu'aux belles époques du Moyen-Age, me donna une admirable leçon d'ardeur et de dévouement. Le canton de Fribourg se livrait aux héroïques préparatifs du Sonderbund. Chaque jour, un récit merveilleux montrait quel courage et quelle force animaient cette population si catholique. Les femmes et les enfants travaillaient aux fortifications ; les riches donnaient leur or ; les pauvres apportaient leurs dernières économies ; les femmes, les chaînes d'argent de leur chevelure. Toutes les semaines, le contingent d'un village venait remplacer le contingent qui retournait aux travaux des champs. En arrivant dans la ville, ces soldats, acclamés par la population, se rendaient à la belle église des Jésuites. On formait les faisceaux sur la place, soldats et officiers se confessaient, tous s'approchaient de la Sainte Table, puis ils allaient aux portes de la ville, relever leurs camarades attaqués presque toutes les nuits par des bandes de *Freychards* (corps francs). Chaque soldat portait sur sa poitrine la médaille de la Sainte Vierge ; on l'enlevait à ceux qui s'oubliaient, et cette punition, mieux que toute autre, retenait dans le devoir. Cette vue d'un peuple se levant tout entier pour la défense de sa religion et de ses foyers, me fit une impression que je n'oublierai jamais, et quand, au mois de novembre suivant, au moment même où se rouvrait notre Œuvre, j'appris la capitulation de Fribourg et la chute de Sonderbund, je compris quelles épreuves doivent traverser les œuvres de Dieu, lors même que leur but le plus juste semblerait promettre un succès bien certain.

Jusques-là, ma vocation de père de jeunesse avait été l'effet des circonstances plus que de la réflexion. Vraiment, elle manquait de bases solides, il lui fallait la sanction des épreuves, de la discussion, des bons conseils, d'une sage direction. Tout avait été brisé par les circonstances : c'était le cas de recommencer prudemment ou de s'arrêter tout à fait. Mon évêque approuvait bien mes projets, mais il ne me les imposait pas. J'eus le bonheur de retrouver à

Fribourg un vieux père, des plus saints et des plus expérimentés, qui me servit de guide. Le R. P. Freudenfeld, racontaient les élèves, était né protestant. Soldat et aide-de-camp du maréchal Blucher, il était entré avec les alliés à Paris, après avoir fait toutes les campagnes de la coalition. Devenu, à la paix, professeur d'histoire à l'Université de Bonn, il détestait l'Eglise catholique, et surtout les Jésuites dans l'Eglise. Converti par le sérieux de ses études historiques, comme tant d'autres protestants consciencieux, il s'était fait jésuite, après s'être fait catholique, par une conséquence toute naturelle. Avec tant de sainteté, de science, de connaissance des hommes et des choses, je ne pouvais trouver un meilleur guide. Je fis sous sa direction une sévère retraite. La conclusion fut que je devais persister dans le fond de mes idées, tout en remettant à la volonté de Dieu, à celle de mon évêque, et aux évé-nements, le soin de les exécuter.

Je me complais, mes chers enfants, à vous faire connaître tous ceux qui contribuèrent à la fondation de notre Œuvre; puissiez-vous ne jamais les oublier dans votre reconnaissant souvenir ! La reconnaissance est, pour les belles natures; la vertu la plus douce, la plus facile, celle qui fera le charme de votre vie, celle qui doit étouffer les mauvais instincts que le contact avec le monde fait naître en vous. Votre position ne vous permet pas toujours d'exprimer ces sentiments au dehors ; mais vous devez les conserver au fond de votre cœur. M. Jullien, premier auteur de notre Œuvre ; les Frères des Écoles Chrétiennes, qui vous ont élevés pour la plupart ; les révérends pères Jésuites, qui m'ont appris l'art de conduire la jeunesse, et qui ont ensuite fixé ma vocation, préparée sept ans par leurs soins ; Mgr de Mazenod, notre vénéré père et le meilleur de nos amis : tous ceux que je vous ai nommés et que je vous nommerai plus tard ont droit à votre plus vive affection. Sachez la leur rendre et prier pour eux, quand vous ne pourrez pas la leur témoigner autrement.

Avant de commencer l'histoire de notre fondation définitive, sous notre forme actuelle, laissez-moi vous conserver le souvenir du premier règlement que nous vous donnâmes, avec les noms des quatre-vingt-seize qui eurent le bonheur de se consacrer à N.-D. de la Persévérance, et des quatre-vingt-dix-sept qui firent ensemble leur première communion. Si cet écrit tombe entre leurs mains, puisse-t-il leur rappeler, avec une belle époque de leur vie, les sentiments de dévotion et d'amour de Dieu qui les animèrent dans ces heureux moments.

RÈGLEMENT DU CATÉCHISME DE PERSÉVÉRANCE.

« Le Catéchisme de Notre-Dame-de-la-Persévérance a été fondé pour les jeunes gens de la classe ouvrière qui ont fait leur première communion.

« Prendre les enfants après leur première communion, alors que leurs cœurs sont si bien disposés et leurs résolutions si sincères, les entretenir dans ces bons sentiments, achever leur éducation religieuse à peine commencée, en faire de bons ouvriers en en faisant de bons chrétiens, tel est le but du Catéchisme de Persévérance.

« Obligé de sacrifier l'intérêt de quelques-uns au bien général de tous, le Directeur du Catéchisme ne recevra que les enfants recommandés de vive voix ou par écrit par une personne connue. On exige aussi la permission écrite de leurs parents. Une fois ces conditions remplies, les enfants reçoivent une carte d'admission, sans laquelle il ne leur est pas permis de fréquenter le catéchisme.

« Les moyens qui sont employés pour assurer la persévérance des enfants sont : les réunions du dimanche, la fréquentation des sacrements, leur placement dans une maison de confiance, lorsqu'ils désirent prendre un état.

« 1° *Les réunions des dimanches.* — Tous les dimanches et fêtes chômées, les enfants se réunissent

4

à huit heures l'été, et à huit heures et demie l'hiver,
pour assister au catéchisme et entendre la Sainte
Messe. Le soir, à deux heures l'hiver et à trois heures
l'été, vêpres dans la chapelle de l'Œuvre. On exige
des enfants la plus grande exactitude. Une seule
absence faite sans permission ou sans raisons légitimes, si elle a été imprévue, prive des récompenses
trimestrielles. Répétées plusieurs fois, elles seraient
un cas d'exclusion. Le matin, après le catéchisme,
jusqu'à midi, le soir, depuis vêpres jusqu'à huit
heures, les enfants doivent rester dans les cours et
dans les salles de l'Œuvre, où l'on se fait un plaisir
de leur procurer divers genres d'amusements. Le
but de ces réunions du dimanche étant d'empêcher
les enfants de passer leur journée ailleurs, des absences réitérées seraient un cas d'exclusion, tout
aussi bien que l'absence des exercices religieux. Le
soir, il ne sera pas permis de se retirer à toute
heure. Deux fois dans la soirée, les enfants partiront
tous ensemble, à moins que leurs parents ne vinssent
les chercher.

« 2° *La fréquentation des sacrements.*—Chaque
mois, les enfants apportent un billet de confession
signé par leur confesseur. Une fois par mois, à six
heures et trois-quarts l'été, à sept heures et un quart
l'hiver, a lieu la messe de communion générale. Il
va sans dire que la confession seule est exigée. Le
zèle que les enfants apporteraient à prendre part

quelquefois à ces communions, serait cependant la plus douce récompense que les Directeurs du Catéchisme pussent recevoir de leurs efforts et de leurs soins.

« 3° Dans le désir de procurer de bons maîtres aux ouvriers et de bons ouvriers aux maîtres, le Directeur fera tout ce qui dépendra de lui pour bien placer les enfants. Il ne se mêlera en rien, cependant, des rapports mutuels établis par les lois ou les usages entre les maîtres et ceux qui les occupent. Il se contentera d'indiquer les places demandées, laissant aux parents l'examen des conditions.

« Le Catéchisme couvre une faible partie de ses dépenses nombreuses, qu'il est obligé de faire pour frais d'éclairage, achats de jeux, distribution de récompenses, fêtes, imprimés, etc., par une petite cotisation fixée, cette année, à deux francs. Cette cotisation, à la portée de tout le monde, sera de rigueur pour tous les membres du Catéchisme. Son insuffisance fera recevoir avec reconnaissance, par le trésorier du Catéchisme, les dons volontaires que les parents ou autres personnes plus aisées voudraient bien faire à l'Œuvre.

« Tout enfant qui se présentera pour être reçu du Catéchisme, sera censé s'être engagé à remplir exactement tout ce qui est indiqué dans ce petit règlement.

« Le Directeur serait heureux que les parents

des enfants lui donnassent la facilité d'avoir de loin
en loin quelques rapports avec eux. Leurs observa-
tions ou leurs plaintes sur la conduite de leurs
enfants le mettraient à même, en les connaissant
mieux, de leur prodiguer plus de soins. »

LISTE

DES ENFANTS QUI FURENT ADMIS A FAIRE LEUR CONSÉCRATION A N.-D. DE PERSÉVÉRANCE.

Le 25 juillet 1846,
sous la présidence de M. le chanoine Jeancard,
vicaire-général.

Théophile Veyne.
Marius Bonnefoy.
Antoine Masse.
Victor Bouisson.
Vital Vernet.
Désiré Michel.
Henri Pissin.
Adolphe Mathieu.
Marius Carvin.
Marius Pellegrin.
Jean-Baptiste Blanc.
Dominique Gal.
Henri Marcel.
Eugène Laurens.
François Viret.
Eugène Raffin.

Marius Olivier.
Etienne Durbec.
Henri Caire.
Désiré Grimaud.
Joseph Cauvin.
Jean Michel.
Marius Durand.
Louis Bernard.
Paul Roure.
Alfred Massot.
Victor Pirenet.
Anthelme Prieur.
André Vial.
Antoine Charbonnel.
Marius Blanc.
Jean-Baptiste Gonnet.

Joseph Pachini.
Joseph Tavan.
Auguste Gayet.
Pascal Richaud.
Aimé Millou.
Frédéric Massartic.
Germain Ricaud.
Léandre Branguier.
Michel Jutet.
Louis Bérard.
Hippolyte Féchino.
Vincent Genti.
André Muraire.
Baptistin Barrière.
Augustin Fournier.

Adolphe Mittre.
Jules Trégy.
Joseph Liautaud.
Désiré Merle.
Joseph Gautier.
Alcide Arnaud.
Joseph Nicolas.
Théodore Labié.
Marius Fautrier.
Charles Cartère.
Joseph Deluy.
Casimir Vielh.
François Spinelly.
Clément Maria.
Jean Rouchas.

Le 20 septembre 1846,

sous la présidence de Mgr l'Évêque.

Auguste Beaude.
Bernardin Bourelly (aujourd'hui curé de la paroisse des Accates).
Joseph Bayon.
Auguste Foucou.
Jacques Vivardy.
J.-B. Priou (aujourd'hui frère des Écoles Chrétiennes).

Gustave Maravelly.
Philippe Pissin.
Jules Trouillat.
Auguste Mazière.
Joseph Rofritscht.
Claude Olivier.
Jean-Baptiste Rebufflat.
Eugène Paugoy.
Henri d'Asté.
Joseph Miranne.

Le 25 décembre 1846,

sous la présidence de M. le chanoine Barret.

Jean Rénaud.
Alexandre Pélissier.
Marius Rouquet.
Edouard Masse.

Jules Fabre.
Antoine Morel.
Pierre Reynaud.

Le 20 juin 1847,

sous la présidence de Mgr l'Évêque.

Marius Luc.
Amédée Mans.
Auguste Chabert.
Jean-Baptiste Laugier.
Antoine Truc.
Toussaint Guérin.

Joseph Matty.
Joseph Palanca.
Amédée Mourlaque.
Hippolyte Gameau.
Marius Astruc.

LISTE

DES ENFANTS QUI FIRENT LEUR PREMIÈRE COMMUNION LE 27 MAI 1847.

François Allègre.
Balthazar Amphoux.
Jean-Baptiste Arnaldy.
Marius Astruc.
Marius Auzet.

Gervais Barles.
Louis Barthélemy.
Jean Beaucier.
Charles Béranger.
Joseph Bernard.

André Berrin.
Eugène Bertheu.
Patrice Blanc.
Pierre Brousset.
Pierre Brun.
Joseph Brunel.
Louis Blanc.
Auguste Caire.
Valentin Caramagnol.
Joseph Carle,
François Cauvin.
Auguste Chabert.
Joseph Chaurand.
Léon Chauvin.
Philippe Goutmann.
Guillaume Gras.
Jacques Grignon.
Adolphe Griozel.
Toussaint Guérin.
Edouard Hocmann.
Antoine Isnard.
Mathieu Jeanjeaille.
Michel Jourdan.
Joseph Lamoureux.
Jean-Baptiste Laugier.
Bienvenu Lieutaud.
Etienne Lieutaud.
Antoine Lion.
Antoine Long.
Marius Luc.

Joseph Matty.
Désiré Mazan.
Marius Michel.
Victor Michelland.
Eugène Muraoux.
Denys Moullard.
Ferdinand Mayer.
Amédée Mourlaque.
Henri Oddiès.
César Coulomb.
Paulin Courtade.
André Cayol.
Victor Clary.
François Cabasson.
Louis Daignan.
Ferdinand Dalest.
Louis Dalmey.
Jean-Baptiste Dansant.
Jacques Deluy.
Emile Domergue.
Joseph Drayon.
Jacques Durbec.
Etienne Marius.
Marius Fanguiaire.
Casimir Franco.
Charles François.
Pierre Chouquet.
Louis Favier.
Hippolyte Gameau.
Joseph Gamel.

Henri Gilly.
Frédéric Goirand.
Nicolas Gonfard.
Joseph Olivaly.
Marius Olive.
Remy Olive.
Henri Olivier.
Jacques Oreille.
Joseph Palanca.
Joseph Pélissier.
Jean-Baptiste Remuzat.
Joseph Raynaud.
Pascal Richelme.
Louis Rollandin.

Barthélemy Rougier.
André Rousset.
Paul Roustan.
Alexis Roux.
Laurent Ricaud.
Jean-Pierre Roux.
Pierre Salva.
Victor Serre.
Adolphe Strien.
Gustave Strien.
Antoine Truc.
Antoine Vidal.
François Verciller.

CHAPITRE IV

LA FONDATION DE L'ŒUVRE

Jacta super dominum curam tuam et
ipse te enutriet : non dabit in æternum
fluctuationem justo.

(Ps. LIV. 23.)

ORSQUE je revins de Fribourg, le 2 août 1847,
il n'y avait plus aucun vestige de mes deux catéchismes. Point d'enfants, la volonté de leurs
maîtres me les avait enlevés, surtout depuis que les
séminaristes étaient en vacances. Point de local,
ceux de la Loubière et de Saint-Raphaël m'avaient
échappé. Je vins donc me mettre à la disposition de
mon Évêque, qui promit de me nommer immédiatement vicaire dans une paroisse de la ville; j'étais
tout résigné. Je n'ai jamais su pourquoi ma nomi-
nation ne se fit pas. Dieu l'avait ainsi décidé, sans
doute, pour l'établissement de cette Œuvre.

Cependant, M. Brunello et ses coopérateurs
étaient au désespoir de m'avoir mis dans un si
grand embarras. Ils m'avaient fait quitter M. Jullien

sans pouvoir me mettre ailleurs, comme ils l'a-
vaient cru; et, ce qui était bien plus grave pour
eux, des projets d'une plus grande portée se trou-
vaient dérangés. Ce n'était pas seulement l'exten-
sion de sa belle Œuvre que désirait M. Brunello, il
voulait surtout l'adjonction de nouveaux prêtres,
si nécessaires pour la direction et la perpétuité de
l'Œuvre de M. Allemand. Avec cette ténacité de
caractère que dirigeait la plus sincère piété, il ne
renonça pas un moment à ses desseins et finit par
les réaliser.

Au mois de mai précédent, nous étions allés nous
promener à la jolie maison de campagne que possède
l'Œuvre de M. Allemand, à Saint-Just. Au détour de
la traverse Chape, un portail était entr'ouvert. Que
vois-je? Un magnifique local bordé d'oliviers, avec
une petite maisonnette et une grande salle d'auberge à côté. Le terrain, tout vert de l'herbe des
champs, était émaillé de coquelicots; vraiment,
c'était le plus admirable local qu'on pût désirer
pour une Œuvre. Les plus tristes réflexions nous
firent tristement fermer la porte et continuer notre
route. Ce local était-il à vendre? et si on voulait
s'en dessaisir, où prendre l'argent pour acheter cinq
mille mètres de terrain aux portes de la ville, sur
la limite de l'octroi, qui était alors à la rue d'Oran?
D'ailleurs, un cercle, dit des *Boulomanes*, avait
loué cet enclos avec un long bail, et l'attirail d'un

entrepreneur maçon, fabricant de mosaïques, remplissait tout le hangar du fond et une portion de la cour. Je n'osais plus penser à ce beau local, trop beau pour notre petite Œuvre. M. Brunello s'était dit de l'acheter. Le vendeur demandait 66,000 fr., avec l'adjonction d'un second lot de terrain de 4,000 fr., pour servir d'entrée par la rue d'Oran, et les frais, 4,235 fr., cela faisait 74,235 francs. Les obstacles étaient immenses. M. Brunello demandait cette somme à ses collaborateurs, peu disposés à la donner. Leur résistance fut longue; elle semblait invincible, quand je partis pour Fribourg, à la fin de juin; tout était entièrement rompu quand je revins, le 2 août, me mettre, comme je l'ai dit, à la disposition de mon Évêque, lorsque, le 15 septembre, je reçus, à la Viste, la lettre suivante :

« Je souhaite le bonjour à notre cher Joseph et
« lui apprends avec plaisir que notre affaire est
« heureusement terminée. Le bail des *Boulomanes*
« est résilié; l'acte de vente va se dresser, les deux
« parties sont engagées; impossible de reculer
« maintenant. Nous n'oublierons pas que tout a été
« terminé le jour de l'Exaltation de la Sainte-Croix
« et pendant l'Octave de la Nativité de la Sainte-
« Vierge. Je vous attends demain, le plus tard à
« huit heures, pour passer la journée avec nous à

« la campagne. Tous ces messieurs désirent ardem-
« ment vous voir; ainsi, vif ou mort, il faut que
« vous veniez.

« F. Brunello, prêtre. »

Comment cette affaire s'était-elle conclue si rapi-
dement, alors qu'elle semblait abandonnée? C'est
le secret de Dieu seul. Un des messieurs de l'Œuvre de la Jeunesse, M. Esprit Héraud, avait donné
sa maison de la rue Tapis-Vert; la vente de cet
immeuble avait payé l'achat du local. Le déménagement des *Boulomanes* et du maçon furent si
rapides, que nous entrions en jouissance le vendredi, 15 octobre, et le soir, réunis dans le petit
salon du rez-de-chaussée, meublé de trois chaises,
d'une petite table et de trois bancs avec un crucifix
sur la cheminée, nous récitions, avec une quinzaine
d'enfants, débris de mes deux catéchismes, ce chapelet que nous n'avons plus cessé de dire tous les
soirs depuis lors. Après le chapelet, nous fîmes,
comme on fait encore aujourd'hui, une petite lecture avec sa glose. Vous voyez comme les usages
changent peu dans notre maison. Une petite clo-
chette indulgenciée, qui sert aujourd'hui pour
demander la Sainte-Communion à la chapelle de
Saint-Joseph, nous faisait dire l'*Angelus*. Il fallait
encore quinze ans, avant que nous eussions un
clocher et des cloches.

Pendant la dernière quinzaine du mois, nous transformâmes notre grande salle d'auberge en chapelle. Un autel, que nous avons depuis vendu à la paroisse de Saint-Jean-Baptiste, fut fait et peint en peu de jours; des bancs et des quinquets, débris du mobilier de l'ancienne Œuvre de M. Allemand, à la place de Lenche, vinrent terminer chez nous leur longue carrière. Nous pressâmes tant nos ouvriers, je travaillais tant moi-même, que tout fut prêt à la fin du mois; d'ailleurs, il nous fallait si peu! Le jour de l'inauguration fut fixé au dimanche, 31 octobre 1847.

Mais avant de commencer définitivement cette Œuvre, je voulus la mettre sous la protection de la Très-Sainte-Vierge. Je fis faire, en argent, la clef de notre maison, et le samedi, 30 octobre, je la déposais, pendant que je disais la Sainte Messe, sur l'autel de Notre-Dame de la Garde, conjurant la Bonne-Mère de vouloir bien garder cette nouvelle fondation.

Je ne me rappelle pas si je fis seul ce pèlerinage, il est plus probable que quelques enfants m'accompagnèrent. Oh! que la Sainte-Vierge nous a bien gardés depuis! Avec quelle joie je revois tous les ans cette clef suspendue devant elle! Quel bonheur j'éprouvais, il y a quelques années, quand elle échappa au vol sacrilége qui avait enlevé tant d'objets au trésor de ce pieux sanctuaire (1)! Ce pèlerinage du 31 octobre est entré dans les usages de l'Œuvre et, grâce à Dieu, nous n'y avons jamais manqué; chaque année il devient plus nombreux. Nous partons le matin à cinq heures et demie, à six heures et demie nous célébrons la Sainte Messe; nos plus grands, nombreux, y communient, pour remercier la Sainte-Vierge de la protection maternelle qu'elle nous a témoignée jusque-là et pour la conjurer de nous la continuer pendant l'année qui va commencer le lendemain. Je porte ordinairement sur moi la liste des nouvelles charges, afin que la Bonne-Mère les bénisse, et nous terminons par le salut du Très-Saint-Sacrement. Qui peut dire avec quelle ferveur nous avons fait quelquefois ce délicieux pèlerinage, alors que les tempêtes s'amoncelaient sur notre Œuvre? Quelquefois le temps était affreux; nous n'en partions pas moins, le temps moral était bien plus mauvais pour notre pauvre maison. Une année, le mistral soufflait avec une violence extrême, nous arrivons tout en nage, la porte du fort était encore fermée, le sacristain s'était endormi. Pen-

---

(1). Depuis quelques années, cette clef s'est égarée. Nous venons de la faire refaire avec plus de luxe, et sa dorure brille du plus grand éclat à la main étendue de l'Enfant-Jésus. (31 octobre 1878).

dant une demi-heure, nous attendîmes grelottants
sur le pont-levis, au plus affreux des courants d'air.
La Sainte-Vierge ne permettait pas que nous pris-
sions mal. Une autre année, l'Œuvre allait suc-
comber, tout était perdu ; mes jeunes gens firent
nu-pieds le pèlerinage, et de ce temps le boulevard
Gazzino n'existait pas encore, les abords n'étaient
pas faciles. Que pouvait la jalousie des hommes,
contre la divine protection de notre Bonne Mère,
demandée si humblement ?

Enfin, tout fut prêt le 31 octobre. Six pauvres
chandeliers, que nous trouvions alors bien beaux et
qui sont allés depuis orner l'Œuvre de la Viste;
quatre urnes, que personne n'a plus voulues, même
en cadeau ; quatre bouquets, don d'une pauvre domestique, le premier don qu'on ait fait à l'Œuvre,
formaient tout le mobilier de notre chapelle. Avec
ces modestes ornements, avec une odeur très pro-
noncée de bière et de tabac, notre église ressemblait
par sa pauvreté à l'étable de Bethléem. Le bon Dieu
cependant ne dédaigna pas d'y descendre et de
l'habiter depuis sans interruption. La sacristie était
un peu plus riche; elle devait, peu à peu, devenir
une des mieux montées de Marseille, quand je fus
parvenu à inspirer à mes jeunes gens ce goût
extrême pour les choses du culte divin qui les distingue.

La cérémonie de la bénédiction de la chapelle et

du local fut faite le dimanche soir, par M. Tempier, prévôt du vénérable Chapitre, vicaire-général, dont le nom se retrouve dans toutes les fondations qui se sont faites à Marseille, pendant quarante ans, et le lendemain matin, 1" novembre 1847, fête de tous les Saints, je célébrai, pour la première fois, la Sainte Messe dans notre Œuvre, en présence de trente-six enfants, débris de mes précédentes associations. J'ai voulu vous conserver leurs noms; ils furent les premières pierres de cet édifice, qui devait réunir successivement plus de huit mille jeunes gens jusqu'à ce jour, 31 octobre 1878.

Antoine Masse.
Victor Bouisson.
Emile Ruissy.
Clément Maria.
Nicolas Gonfard.
Elzéar Bousquet.
Bienvenu Lieutaud.
Joseph Miranne.
Toussaint Guérin.
Balthazar Amphoux.
Désiré Merle.
Henri Chaney.
Amédée Mourlaque.
Clément Berne.
Baptistin Barrière.
Jules Fabre.
Amédée Mans.
Alexis Roux.

Alexandre Truc.
Désiré Michel.
Alphonse Barthélemy.
Théophile Veyne.
Marius Veyne.
Gustave Arnaud.
André Saunier.
François Rasclot.
Joseph Rasclot.
Basile Delu.
Louis Blanc.
René Verdery.
Joseph Palanca.
Auguste Bouisson.
Marius Astruc.
Jean Beaucier.
Gustave Beaucier.
Joseph Barthélemy.

C'est de ce jour, 1" novembre 1847, que date la véritable fondation de notre Œuvre. Nous considérons les vingt mois précédents comme un noviciat, pendant lequel nous avons constamment changé de local et de forme. Cette fête de la Toussaint, si belle par elle-même, cette fête des parents et des amis que nous avons dans la bienheureuse éternité, est devenue une des plus belles fêtes de notre Œuvre. En célébrant cet anniversaire de notre fondation et de notre durée presque miraculeuse, au milieu de tant d'obstacles, je m'imagine que les nombreux Congréganistes qui nous ont précédés dans le ciel, célèbrent cette fête avec nous d'une manière toute spéciale, et quand nous chantons, avec la permission de l'Évêque, à la fin de notre exercice du soir, cet admirable chant d'action de grâces : *Te Deum laudamus*, il me semble que notre Œuvre du ciel se joint à celle de la terre pour remercier Dieu de la vocation de ses membres sauvés parmi nous. C'est après avoir chanté trente-une fois ce cantique, pendant trente-une années de suite, que j'ai voulu consigner par écrit tous ces souvenirs des immenses miséricordes de Dieu sur nous. Quand bien même, ce qu'à Dieu ne plaise, notre Œuvre ne devrait pas exister davantage, quelle reconnaissance envers le Cœur de Notre-Seigneur qui, pendant trente-un ans, a ouvert cet asile à la jeunesse ouvrière de Marseille, jusque-là si délaissée ! Qui pourrait dire tout le bien qui s'est fait dans cette Œuvre? Nous vous le raconterons, autant que possible, en détail; mais Dieu seul le connaît bien, parce que c'est lui seul qui l'a fait Qu'il continue à nous protéger longtemps, pour sa gloire et le salut de ses enfants.

En donnant au bon Dieu notre plus belle salle pour en faire sa demeure, nous donnions presque tout le local, et l'Œuvre restait assez mal installée. La cour était magnifique, il eût été difficile d'en trouver une plus belle; mais elle était sans ombrage. Cet inconvénient était peu sensible au mois de novembre, mais intolérable pendant les grandes chaleurs de l'été; en revanche, il nous fallait un abri pour les jours de pluie qui, cette année, furent très nombreux, et pour les soirées d'hiver, car nous nous réunissions tous les soirs. Le hangar était à l'extrémité de la cour, on ne pouvait y parvenir quand il pleuvait; d'ailleurs ses fragiles cloisons résistèrent peu longtemps. Le vent éteignait les lampes; la poussière, formée par les débris des maçons, nous aveuglait. Dans la petite maison contiguë à la chapelle, il y avait, au premier, une chambre pour le concierge et un salon suffisant pour y faire jouer une trentaine d'enfants. La nécessité nous rendit industrieux et une petite cave éclairée par deux soupiraux, plus étroite que le plus petit de vos salons d'aujourd'hui, réunit les tapageurs qui préféraient les plaisirs bruyants. Les plus anciens se rappellent cette modeste installation ; d'ailleurs cette maison subsiste encore ; elle peut vous dire, par ses petites proportions, combien nous y étions à l'étroit.

Je vous ai fait connaître la misère et la gêne de nos débuts, afin que vous puissiez mieux apprécier combien nous avons été, plus tard, les enfants gâtés de la Providence. Le principal, dans une Œuvre, c'est d'installer le bon Dieu le mieux possible, dans la chapelle la plus convenable. Cet usage est devenu de tradition parmi nous, et plus tard, quand nous bâtîmes notre belle église, nous nous contentâmes pour nous d'une loge de francs-maçons en ruine et fort incommode, pendant que nous n'épargnions rien pour le bon Dieu. L'esprit de foi, de piété, de religion le demande, et d'ailleurs qu'y avons-nous perdu ? Dieu ne nous a-t-il pas toujours bénis en proportion de l'amour et de la dévotion que nous lui avons montrés ? La suite de ce récit le fera bien voir.

Il ne suffisait pas d'avoir un magnifique local, il fallait encore des aides et des finances. Dieu, qui le savait mieux que nous, nous les donna.

Quelle reconnaissance ne devons-nous pas aux Directeurs de l'Œuvre de M. Allemand ? C'est un grand défaut de notre pauvre humanité d'oublier les bienfaits, surtout quand des actes subséquents, détruisant ces bienfaits, semblent donner le droit de ne plus s'en souvenir. Le bien est toujours le bien, quand même il soit suivi d'actes d'un autre genre, et surtout quand le bien est resté, tandis que le mal n'a été que transitoire et sans mauvaises conséquences. Nous devions à la persistance de M. Brunello et à la munificence de ses collaborateurs un magnifique local. Immédiatement, on fit quelques constructions pour avoir une entrée plus abordable, par la rue d'Oran. Ces constructions furent aussi coûteuses que mal combinées et fort laides, au point de vue de l'art et de la commodité; mais enfin la bonne volonté est indépendante de l'art, nous devons nous en souvenir. Toute cette installation ne nous coûta rien, car, à cette époque, nous n'avions point d'argent. Ces messieurs se chargèrent de tout l'entretien, de ce que j'appellerai les frais d'exploitation. Bien plus, M⁸ʳ l'Évêque, qui avait réglé le traitement du Directeur de l'Œuvre-mère, voulut qu'on me donnât aussi un demi-traitement, ce qui ne souffrit pas la plus petite difficulté. En un mot, notre Œuvre marchait, en très petit, comme l'Œuvre de la rue Saint-Savournin et sur les mêmes bases. Je n'avais donc aucun souci pour le côté matériel.

Mais il fallait des aides, ai-je dit, l'Œuvre de M. Allemand les fournit encore. J'étais fort jeune, vingt-quatre ans, je n'avais point d'expérience, il fallait m'instruire de la méthode de ce saint fondateur, afin d'obtenir, par les mêmes moyens, les mêmes résultats. Puis, un prêtre est souvent retenu dans son cabinet par les devoirs de son ministère : la prédication, la direction, la confession, les devoirs de piété, etc. Les enfants, surtout quand ils sont jeunes, ne peuvent demeurer seuls. Que ne puis-je nommer les trois messieurs qui me donnèrent un concours si utile ? Vos cœurs ont conservé leurs noms. Aucun des trois n'avait toutes les qualités, mais chacun d'eux possédait au plus haut degré une des spécialités du véritable directeur d'Œuvre. L'un ne demeura que treize mois avec nous ; mais, dans ce court espace de temps, l'ardeur extrême de son caractère lui fit tout organiser, et, quand il partit pour une autre Œuvre qui le réclamait au dehors (5 novembre 1848), grâces à lui nous avions pris la forme extérieure que nous avons conservée jusqu'à ce jour. Celui qui le remplaça, pendant trois ans, a laissé dans l'Œuvre d'impérissables souvenirs, surtout en établissant la *Réunion du Sacré-Cœur*, dont je parlerai dans un article spécial. Le premier, homme d'affaires consommé, a plus fait pour l'organisation extérieure : c'était sa spécialité ; l'autre a plus travaillé pour l'œuvre morale : c'était son art principal. Le troisième sortit au bout de huit ans, nous laissant son cœur, j'aime à le croire, et emportant notre plus sincère affection. Son rôle, c'était l'installation des jeux, si importants dans notre Œuvre, parce qu'ils

attirent les enfants, les retiennent et leur évitent
tant de péchés mortels. Quant au directeur, sa
fonction était bien simple et je m'efforçais de la
remplir de mon mieux. Je prêchais, je faisais le
catéchisme, je confessais, et d'ailleurs, avec la plus
entière docilité, je tâchais de bien m'imbiber de cet
admirable esprit de M. Allemand, afin de lui assi-
miler notre Œuvre!, convaincu que le succès serait
là et qu'il était impossible de mieux faire que ce
saint prêtre. Mon seul mérite, dans la fondation de
notre Œuvre, c'est de m'être complètement effacé
pour prendre les usages, la méthode et surtout
l'esprit de M. Allemand, jusqu'à prêcher mot pour
mot ses propres sermons, que la mémoire fidèle d'un
de ses enfants me répétait avant de monter en chaire.
La marche des années, la différence des époques, la
vieillesse qui envahit les meilleures choses devaient
tôt ou tard apporter quelques modifications; mais
c'était au temps de les faire, je n'avais, au début,
qu'à imiter. Convenez-en, ce n'était pas un petit
mérite que cette docilité dans un jeune homme, à
un âge de la vie où on croit en savoir bien plus que
les gens les plus expérimentés.

Si, une fois dans ma vie, je m'étais cru au comble
de mes désirs, c'est bien à cette époque qui fut pour
moi l'âge d'or. Notre existence était assurée, et les
puissants secours que je trouvais autour de moi sur-
montaient les difficultés de détail. Les enfants des

écoles gratuites, par exemple, ne venaient à nous
qu'au prix des plus grands obstacles. L'énergique
intervention de Mⁱ l'Evêque obligea les supérieurs
à donner des ordres sévères pour que les enfants
pussent venir librement. Les instances de ces
messieurs avaient obtenu ce résultat, sans lequel
nous eussions manqué d'enfants. Qui aurait cru
que ce bel âge d'or durerait si peu ? Est-ce le démon
qui a tout brisé, dans sa malice ? Je ne le sais. N'est-
ce pas plutôt le bon Dieu qui voulait établir dans
Marseille deux Œuvres parallèles, marchant au même
but, par deux moyens opposés : l'une par une direction purement laïque, l'autre par une direction
purement sacerdotale, afin qu'on pût mieux juger
de la valeur réciproque des deux systèmes fonction-
nant côte à côte ; et peut-être aussi, disons ceci
timidement, afin que l'Œuvre de M. Allemand
devenant laïque, un autre recueillît son héritage,
en restant sous la direction d'un prêtre comme lui ?
C'est en vain que les hommes se hâteraient de
répondre à ces questions ; les opinions sont trop
brûlantes si près des événements qui les inspirent ;
l'avenir seul répondra, parce que l'avenir c'est le
temps, et le temps c'est la grande voix de la Providence. En attendant, pour nous borner à cette histoire de notre Œuvre, il nous fallait traverser encore
trois grandes crises, je dirai presque trois révolutions,
pour arriver à cette stabilité, but de tous mes efforts

Nous étions installés depuis près de quatre mois, tout souriait à mes désirs, quand la Révolution de Février éclata subitement comme un coup de tonnerre. Cette commotion, si terrible pour tout le monde, fut, si j'osais le dire, un bonheur pour notre Œuvre. Personne jusque-là ne s'était douté de la puissance des ouvriers; elle apparut tout à coup avec toutes ses terreurs. Depuis 1830, on avait tout fait pour démoraliser cette classe qui forme, il faut bien s'en souvenir, l'immense majorité du pays. L'instruction avait été imprudemment répandue, sans aucun de ces correctifs d'éducation, qui eussent empêché ses inconvénients. Le peuple, gâté par le poison des plus détestables lectures, avait perdu ses mœurs; avec ce besoin insatiable de jouissances, il demandait à la société plus qu'elle ne pouvait lui donner; de là, un antagonisme qui produira tôt ou tard les plus effrayantes catastrophes. La bourgeoisie de notre ville, menacée dans ce qu'elle a de plus cher : dans sa fortune, nous voua, dès ce moment, toutes ses sympathies; et, quand, un peu plus tard, nous eûmes besoin du concours de nos concitoyens, pour remplacer les messieurs de l'autre Œuvre qui nous abandonnèrent si tôt, nous trouvâmes dans Marseille, et nous n'avons jamais cessé d'y trouver, l'appui le plus constant et le plus généreux.

Cette révolution eut encore un autre résultat

pour notre Œuvre. J'ai dit que je m'étais appliqué
à suivre servilement l'esprit de M. Allemand, sauf
les modifications que les différences des temps devaient amener. M. Allemand, qu'on ne l'oublie
pas, n'avait pas fondé son Œuvre pour les fils de
famille, pour les enfants des hautes classes. Ceux-
là, élevés dans les grandes maisons d'éducation, ne
venaient à son Œuvre que par exception ; ils n'y
eussent pas précisément trouvé leur genre d'éducation. Il s'était adressé aux classes moyennes,
à la petite bourgeoisie, surtout à la classe des commis de magasins et de bureaux. Nous nous adres-
sions, à une classe nouvelle, que le suffrage
universel élevait légalement au rang des autres,
pendant qu'en fait, son nombre lui assurait une
incontestable supériorité. Il y avait là un horizon
tout nouveau, des besoins spéciaux. Il ne suffisait
plus de prêcher l'amour de la vie cachée et des plus
belles vertus chrétiennes, à des gaillards qui ne
croyaient presque plus en Dieu, pas du tout à
l'Église et qui allaient aux barricades avec une
gaieté, un entrain, une absence de scrupules vraiment inconcevables. Voyant donc quels enseignements pervers envahissaient mes pauvres enfants
dans leurs familles, dans leurs ateliers, sans aucun
contre-poids que l'Œuvre, je travaillais de toutes
mes forces à leur donner cette sûreté de doctrine,
cet amour de l'Église, ce respect de toute autorité,

ces bons principes qui sont devenus, grâces à Dieu, le caractère distinctif de notre Œuvre, sa manière d'être, son plus beau titre de gloire. Je reviendrai, dans le chapitre *De notre esprit*, sur ce point si important. Il me suffit de raconter ici comment nous fûmes amenés à faire de l'esprit de foi, de l'esprit catholique, l'esprit spécial de notre maison et de tous ses membres. C'est ainsi que, dans sa petite sphère, notre Œuvre accomplissait une mission vraiment sociale. Les riches venaient à notre secours par leurs dons, que je leur demandais le moins possible; en revanche, nous leur formions, par la seule influence de notre sacerdoce, par les seuls moyens que donne notre divine religion catholique, une génération d'ouvriers et de commis, probes, honnêtes, chrétiens, solides dans tous les bons principes. Quels résultats n'eût pas obtenus notre Œuvre, si les luttes et les persécutions incessantes qui l'ont accablée, lui eussent laissé prendre tout le développement qu'elle pouvait espérer? Mais, obligé de tout faire par moi-même, d'être prêtre, maçon, surveillant, balayeur, sacristain, décorateur, homme d'affaires, quêteur, comment pouvais-je prétendre à une grande part d'influence, alors que toute ma préoccupation était d'exister? En vérité, la malice du démon est bien grande; mais elle serait bien stérile sans le peu d'intelligence de notre pauvre humanité. Il y aurait un mystère inconcevable dans ces difficultés, qui entourent le bien dans les meilleures œuvres, si les principes de la foi ne nous éclairaient de leurs clartés. Dieu a voulu que les œuvres solides s'établissent lentement et difficilement; un trop rapide succès nuirait à leur durée. Ce succès lui-même, s'il n'avait pas de limites, s'épuiserait en peu de temps. Voilà toute la raison des difficultés inextricables que nous avons rencontrées, mais que la main de Dieu a bien su nous faire franchir, à son jour et à son heure.

Au moment où éclatait la Révolution de Février, le vénérable M. Jullien mourait, précisément quand son Œuvre allait être le plus nécessaire. Elle mourut avec lui. Personne ne se présenta pour en accepter le lourd héritage. Les créanciers chirographaires touchèrent un faible dividende sur la vente du mobilier, dont j'achetais une partie aux enchères publiques; la Société hypothécaire s'empara du local qui se revendit plus tard, à la folle enchère, à la faillite de cette Société, pour le dixième de ce qu'il avait coûté, et au moment où j'écris ces lignes, ces grandes cours désertes, ces immeubles délabrés, sont devenus des rues ou des établissements industriels. L'église seule, après avoir longtemps servi de magasin à blé, a été achetée par le Diocèse, pour l'Œuvre des Allemands. Que fussions-nous devenus à la mort de M. Jullien, si nous eussions encore été associés ?

CHAPITRE V

CONTINUATION DU PRÉCÉDENT

> Tu Domine servabis nos et custo-
> dies nos.　　(Ps. XI.)

Vous n'attendez pas, mes chers enfants, que je vous raconte l'histoire de notre abandon par les Directeurs de l'Œuvre de M. Allemand. Les plus vulgaires convenances nous demandent le silence, car les principaux acteurs vivent encore presque tous; et d'ailleurs, que vous apprendrait ce récit? S'il était inexact ou seulement présenté à notre seul point de vue, quelle juste indignation n'exciterait-il pas? Le but de ces annales serait changé; au lieu d'un récit pieux et édifiant, ce serait un pamphlet. Et, si par un prodige qu'il est difficile d'attendre de l'impartialité des hommes, nous vous montrions combien notre cause était juste; si nous parvenions à le prouver jusqu'à l'évidence, quel profit en retirerions-nous? Eh quoi!

tandis que les méchants se réunissent avec tant
d'unanimité pour attaquer l'Église, nous, enfants
de cette Église, nous passerions notre temps à nous
combattre ou à nous déchirer après le combat? Les
enfants de Noé furent bénis de Dieu pour avoir
caché la nudité de leur père, et nous irions révéler,
à l'exemple de Cham, les torts réciproques que
personne ne doit voir? Laissons à la Providence
l'exécution de ses desseins. Qu'il vous suffise de
connaître la chronologie de ces événements, à cause
des rapports qu'ils ont avec l'histoire de notre Œuvre; mais, quant à leur appréciation, que le petit
nombre de ceux qui en furent les témoins, les ban-
nissent de leur mémoire; ce sera plus généreux,
plus chrétien; nous comblerons ainsi plus facilement un abîme que nous n'avons aucun intérêt à
creuser davantage.

L'autre Œuvre, ai-je dit, m'avait promis, quand
elle me fit quitter M. Jullien, un local, tous les
frais d'entretien et même un demi-traitement.
Malheureusement tout était verbal dans ces promesses, que j'eus le tort de ne pas faire mettre par
écrit, et parce que je n'y songeais même pas, et
parce que je n'eusse pas osé le demander si j'y avais
songé. Je m'étais donné sans réserve, je croyais
qu'il y avait une réciprocité nécessaire : c'était une
grande erreur de mon inexpérience. Il est évident
qu'une convention verbale ne pouvait être éternelle

et que la partie intéressée ne manquerait pas de la rompre, quand elle y trouverait convenance ou profit. En effet, dès 1849, mon expulsion fut résolue. Je dirai seulement, pour passer plus vite sur tous ces détails, que Mgr de Mazenod, me continuant son approbation et mes pouvoirs, et les propriétaires du local me laissant la jouissance de leur immeuble, mon renvoi ne put avoir lieu; seulement, je dus subir, et cette fois par écrit, des conditions bien onéreuses, heureux encore d'avoir pu, à force d'énergie, repousser les conventions inacceptables dont j'ai conservé les minutes, et qui eussent introduit dans l'Œuvre un esprit et des usages qui ne s'y implanteront jamais, je l'espère, de mon vivant. Je ne reçus donc plus de traitement; peu m'importait. Je dus subvenir à toutes les dépenses quelconques de l'Œuvre; je me fiais à la Providence. Le local me fut laissé, mais à une condition bien dure : c'est que les propriétaires conserveraient le droit de m'en expulser en me prévenant six mois d'avance. Quelque sévère que fût cette convention, de la part de propriétaires, purement nominaux, d'un local acheté seulement par l'un d'eux et pour faire cette Œuvre, je fus forcé d'accepter, faute de mieux, me fiant encore une fois à la bonne volonté qu'ils semblaient me témoigner. Cette nouvelle convention fut signée le 24 novembre 1849.

Elle nous assura quelques années de répit et

l'Œuvre put continuer à vivre en faisant quelque bien. Seulement il me fallut créer des ressources. Notre caisse n'avait que 19 francs, j'en achetais un double décalitre d'huile, qui me coûta 22 francs ; je débutais par un déficit. Mais c'est dans ce moment que la Providence me montra la puissance de son bras. Je fis un appel à mes concitoyens, qui me donnèrent, dans cette seule année, 2,394 francs. En même temps, le Conseil général me votait, le 2 août 1849, un secours de 400 francs, que je n'ai cessé de toucher jusqu'au jour où le Conseil général, élu du 4 septembre, me l'a supprimé. Peu après, le 16 février 1850, le Conseil municipal me votait une allocation de 1,000 francs, successivement portée à 2,000 francs, puis à 1,500 francs par an, et supprimée à la même époque que la précédente. Je ne puis dire combien ces secours me furent précieux, quel courage ils me donnèrent. Mes concitoyens, les délégués du suffrage universel, reconnaissaient donc l'importance de notre Œuvre, ils s'y associaient par leur concours ; c'était dire implicitement que notre établissement était d'utilité publique ; c'était me donner un fort point d'appui, au moment même où tout avait été employé pour m'interdire la possibilité de continuer cette Œuvre. Le bon Dieu était pour moi, les événements l'ont bien prouvé. Mon Évêque ne cessait de m'encourager et de me donner son appui ; les assemblées électives

de mon pays et mes concitoyens m'approuvaient,
que pouvais-je, ce semble, désirer de plus? Et cependant c'était à peine assez pour soutenir les combats
qui allaient venir.

J'ai dit que nos constructions étaient tout-à-fait
insuffisantes dès nos débuts, alors que nous arrivions à peine au chiffre de cinquante. Mais, après
1849, nous étions tous les dimanches plus de cent,
et ce nombre devait probablement augmenter. La
chaleur, la réverbération du soleil, le mistral, que
nous recevions de première main, la pluie, le froid,
rendaient notre local inhabitable pendant la plus
grande partie de l'année. Mais comment songer à
bâtir ou à planter, tandis que tous les six mois nous
pouvions être mis dehors, sans aucune indemnité?
Je lassais mes propriétaires de demandes et, comme
précisément ils avaient d'autres soucis plus importants dans ce moment, j'obtins, le 19 mars 1852,
une nouvelle convention, qui m'assurait la jouissance du local jusqu'au 29 septembre 1866. C'était
un véritable bail, que je payais tout d'un coup avec
25,000 francs de constructions. Nous étions bien
loin, on le voit, des premiers accords qui m'avaient
appelé à l'Œuvre; mais enfin j'obtenais un double
résultat : des constructions indispensables, faites à
mes frais, mais l'assurance de vivre quatorze ans,
car mon bail payé, je me croyais inattaquable pendant tout ce temps. Qui peut raconter les anxiétés

de ces trois années ? Les uns voulaient mon main-
tien, les autres exigeaient mon départ ; aussi pendant que j'employais tous les moyens humains pour
sauver notre Œuvre, je ne manquais pas de faire
tout ce qui dépendait de moi, pour mettre de mon
côté Celui sans la garde duquel on travaille toujours en vain. Nous nous fondions en prières, des
neuvaines se faisaient dans tous les couvents de
Marseille. C'est de cette époque que date un usage
dont vous devez savoir et bien retenir l'origine. Au
moment où tout nous semblait perdu, nous nous
adressâmes avec plus de ferveur que jamais au
Cœur Sacré de Notre Divin Maître : notre position
était si triste ! Pendant ces deux ans, toutes les fois
que j'annonçais en chaire une fête à mes enfants,
j'ajoutais invariablement : « Pouvu que dimanche
prochain nous ayons encore un asile. » Un jour donc
que nous n'avions plus d'espoir, c'était le 15 août
1851, je réunis les plus fervents jeunes gens de
l'Œuvre, et en présence du bon Dieu, avec la condition formelle que ce ne serait pas un vœu, nous
promîmes solennellement de célébrer, chaque premier vendredi du mois, une messe, à cinq heures
du matin, avant l'heure du travail. Tous les plus
fervents promirent, pour eux et leurs successeurs,
d'y assister et d'y offrir au moins deux communions en l'honneur du Sacré-Cœur, à condition que
Dieu sauverait l'Œuvre. Il nous exauça, et depuis

nous n'avons jamais manqué à notre promesse, car
les communions, d'année en année, deviennent
toujours plus nombreuses à ces premiers vendredis.
Je devrais vous raconter les épisodes aussi curieux
qu'édifiants de cette messe du premier vendredi;
mais je réserve ces détails pour le chapitre où nous
parlerons des dévotions de l'Œuvre.

Cette convention signée, je fus plein d'espoir
dans les nouvelles destinées de notre Œuvre. Quatorze années d'assurées, à notre époque, cela me
semblait un siècle. Et puis, qui oserait nous renvoyer, si nous durions encore quatorze ans? Au
mois de septembre 1866, nous compterions dix-
neuf années d'existence. Une Œuvre qui a dix-neuf
ans ne se brise pas si facilement. Je m'étais entouré
de conseils avant de commencer; je ne crus pas
faire une imprudence en construisant si largement.
Dans ma pensée, ces premières bâtisses se ratta-
chaient à un plan général dont je n'exécutais qu'un
tiers, bien résolu à faire peu à peu tout le reste et
de me servir de ce prétexte pour obtenir de nouvelles prorogations. Mais, je dois en convenir,
toutes ces conventions n'étaient qu'un replâtrage,
ce fut un grand tort de ma part de ne pas le comprendre. Dès le début, ces mesures se ressentaient
de deux malheureux défauts de mon caractère :
j'étais trop timide et trop confiant; plus hardi, je
ne me fusse mis sous la férule de personne. En

quittant M. Jullien, j'aurais dû acheter moi-même
un local, j'en avais vu de fort beaux et d'un bon
marché qui semblerait aujourd'hui incroyable,
et cependant leur prix m'épouvantait. Bâtissant
peu à peu, mais sur mon sol et d'après un plan
prévu, pas une dépense n'eût été perdue et l'Œuvre fût devenue colossale. Au lieu de cela, j'ai toujours cherché des appuis, j'ai toujours craint de
voler de mes propres ailes, les souvenirs de la Loubière m'épouvantaient; acheter sans argent et avec
des emprunts, me semblait alors le comble de la
folie. Pourtant, il m'a bien fallu y arriver plus tard,
après avoir perdu les plus belles années de ma vie
à m'installer dans le provisoire, à faire ce que saint
Augustin appelle : *Magni passus extrà viam.*
Puis, j'étais trop confiant, ai-je dit, car ce qui se
passait sous mes yeux aurait dû m'instruire. Tant
de bons prêtres se succédaient à l'Œuvre de M. Allemand, que tôt ou tard un sort pareil devait m'atteindre, c'était évident ; comment donc ne l'avais-je
pas compris, dès les premiers jours, ou, tout au
moins, dès 1849, après notre convention du 24 novembre ?

Vous voyez, mes chers enfants, que je ne cherche
pas à dissimuler mes torts. Et cependant, qui aurait
vu nos débuts, s'y serait pris comme moi. Bien
d'autres prêtres, que mon exemple aurait dû instruire, n'ont-ils pas cru à la durée éternelle de leurs

accords? J'avais dans moi une tache originelle, *j'étais prêtre* ; et cette tache, bien loin de la cacher, je m'en faisais gloire, j'en étais fier, je lui attribuais tous mes succès, je les eusse crus impossibles sans cela. Je me regardais comme le représentant, comme le porte-drapeau d'une cause sainte, et, me guidant toujours par cette conviction qui tenait, je puis le dire, à la moelle de mon âme, je m'efforçais de tenir toujours ce drapeau si haut que je devais le payer tôt ou tard, et, je dois l'ajouter, même après mes plus grandes déceptions, sans avoir jamais ressenti l'ombre d'un regret ou d'un découragement. N'étaient-ce pas les principes de M. Allemand que je soutenais ? Qu'eût-il fait à ma place, me demandais-je souvent ? La réponse ne me semblait pas douteuse, et cette pensée m'a toujours soutenu, bien sûr qu'après moi le temps nous donnera raison.

Mes illusions, cependant, ne tardèrent pas à s'évanouir une à une. Le 1er novembre 1852, celui qui m'avait tant aidé dans la direction spirituelle de l'Œuvre, depuis plus de trois ans, me fut enlevé et remplacé par un autre qui ne vint que par obéissance, sans jamais se fondre avec nous. Je n'avais aucun droit pour m'opposer à ce changement; mais nos regrets n'en furent pas moins vifs. Tous nos plus grands s'étaient attachés à lui, c'était pour moi comme un frère, son successeur ne pouvait pas être aussi bien reçu. Nous comprîmes, dès lors, que nous devions voler de nos propres ailes ; l'Œuvre ne pouvait obéir à deux directions parallèles, souvent opposées. Après avoir fait longtemps partie du grand Conseil de l'Œuvre de M. Allemand, dont j'étais le secrétaire, je n'y avais plus mes entrées ; les intérêts spirituels de notre maison s'y débattaient sans moi et quelquefois malgré moi. D'ailleurs, nos rapports matériels n'étaient plus les mêmes. J'étais devenu simplement locataire, mon bail était payé pour quatorze ans, et, par avance, je subvenais à toutes les dépenses de l'Œuvre ; *qui commande paye*, dit le proverbe ; je pouvais donc le retourner et dire hardiment : *qui paye commande*. Cette seconde direction ne pouvait donc plus se tolérer avec ses graves inconvénients. Il ne faut qu'un chef en toute chose, et, puisque j'avais pris M. Allemand pour modèle, il me fallait, comme à lui, des aides et non des égaux qui, tôt ou tard, fussent devenus mes supérieurs ; car l'égalité n'est qu'une chimère. Voilà toute l'histoire de notre séparation, dégagée de toute légende ; les faits ne sont que des accidents, des accessoires, inutiles à raconter ; toute la question était là : des prêtres ou des laïques demeureront-ils à la tête de notre Œuvre ? J'y répondis en priant mes deux aides de se séparer de nous, ce que je fis, je l'espère, avec tant de formes et de sincères regrets, que ni alors, ni dans les années qui se sont écoulées depuis, notre amitié personnelle n'en reçut aucune atteinte; ce n'était qu'une question de principes. Cette séparation eut lieu au milieu de janvier 1855; nous étions ensemble depuis huit ans et trois mois, sans qu'un nuage fût venu une seule fois obscurcir nos excellents rapports personnels.

Cependant, notre Œuvre croissant tous les jours, le goût des choses liturgiques augmentant, parmi nos jeunes, gens d'une manière merveilleuse, notre pauvre salle d'auberge ne pouvait plus nous suffire.

Je l'avais bien augmentée d'une tribune et d'une sacristie; ces ajouts nous donnaient de la place pendant quelques mois; mais peu après, la gêne était encore la même. Je me décidai à bâtir une église, selon le plan convenu, moyennant une nouvelle prolongation de bail; la prolongation me fut refusée; j'étais donc averti qu'à la fin de ma convention il ne me resterait plus d'espoir. J'offris d'acheter le local; on y consentit moyennant cent mille francs comptant. J'acceptai le prix, demandant du temps pour la moitié de cette somme; je ne pus l'obtenir. Un voisin m'offrit, au même instant, son local contigu. Je l'achetai, le 1" mai 1855, aux enchères publiques, moyennant quinze mille francs comptant et vingt mille francs à terme éloigné. C'était, à tous les points de vue, une très bonne affaire. Le local avait 2,800 mètres carrés, il coûtait à peu près quarante mille francs avec les frais d'achat, c'est-à-dire quatorze francs le mètre, ce n'était pas cher; et d'ailleurs, la somme totale n'effrayait pas comme cent mille francs ; il faut du temps pour s'habituer à de pareils chiffres ! Ce local, bizarrerie du sort ! était loué à une loge de francs-maçons. D'après le cahier des charges, le bail devait être respecté jusqu'à son expiration ; l'intérêt des vingt mille francs encore dus était ainsi assuré. Jusqu'à cette époque, je n'augmentais pas mes charges. Enfin, et ceci était capital, les deux locaux étaient contigus. J'avais encore un long bail avec mes propriétaires ; si, dans cet intervalle, la roue de la fortune tournait en ma faveur, je pouvais espérer des conditions plus douces et je demeurais libre de réunir les deux locaux, en en revendant une partie à un meilleur prix. Si, au contraire, le système qui semblait prévaloir se développait, je construirais peu à peu dans le nouveau local ; de manière à n'abandonner l'ancien qu'au terme de mon bail. Tout cela n'était pas mal combiné, sans un vice radical dont nous nous ressentîmes bientôt : ce nouveau local des francs-maçons était trop petit, et nous ne pouvions l'agrandir que par le concours de mes anciens propriétaires. Ce concours, l'aurions-nous jamais ? Les événements ont prouvé que j'avais encore fait une grande imprudence en y comptant.

En effet, la tension extrême de nos rapports, la rapidité des événements intérieurs qui se succédaient à la rue Saint-Savournin, m'annonçant une sépara-

tion inévitable, je me déterminai à commencer la
construction de notre église dans une partie du local
que les francs-maçons n'occupaient pas. Le 30 mars
1856, dimanche de Quasimodo, après les premières
vêpres de l'Annonciation, M. Jeancard, chanoine,
vicaire-général, posa la première pierre avec une
grande solennité. Le procès-verbal, en parchemin, fut
enfermé dans une boîte en plomb avec plusieurs
monnaies des principaux souverains régnants. Cette
boîte est scellée dans un creux de la première pierre
sous le pilier du côté de l'épître, à l'entrée du sanctuaire. Le 8 septembre suivant, nous disions déjà la
première messe dans la chapelle latérale de Saint-
Joseph, et le 14 décembre, nous clôturions notre
retraite annuelle devant le maître-autel, consacré
seulement l'année suivante. A Noël, tout était terminé, il n'avait fallu que dix mois. A Saint-Michel,
les francs-maçons ayant consenti à résilier leur bail,
moyennant une indemnité, nous prîmes possession
de leurs temples des vivants et des morts, après une
ample bénédiction et l'auto-da-fé d'un grand diable
allégorique que nos enfants condamnèrent et brû-
lèrent avec une grande joie ; car, de tout temps,
l'entrain et la gaieté furent le caractère distinctif
de nos jeunes gens.

. Enfin, pour terminer cette longue histoire de
luttes et de négociations, je fus forcé d'abandonner
définitivement l'ancien local, à la fin de 1860, au

cœur de l'hiver, six ans avant le terme de notre bail, qu'un instant j'avais cru éternel, pour aller habiter notre pavillon central, encore sans toiture, exposé à toutes les intempéries des saisons. En compensation de cette résiliation de bail, ces messieurs m'abandonnèrent, par acte d'insolutundation, une lisière de 592 mètres carrés de leur terrain, c'est-à-dire la partie actuellement occupée par notre bassin de natation jusqu'à la traverse Chape.

Cette indemnité était illusoire; mais il ne me fut pas possible d'obtenir davantage, et je ne puis vous détailler les raisons qui me contraignirent d'accepter.

En résumé, mes chers enfants, admirez dans ce récit de quatorze années, de mars 1846 à décembre 1860, les voies merveilleuses de la Providence. Toute cette histoire m'a toujours semblé un miracle, et c'est une des principales raisons qui m'ont déterminé à ne pas en garder le secret pour moi seul. Dieu se sert des hommes, mais pas assez pour qu'aucun d'eux puisse se dire le fondateur. Puis-je prendre ce titre, moi qui ai eu besoin de tant de secours pendant quatorze ans? Et qui peut s'en glorifier plus que moi, puisque tous sont arrivés par des chemins si différents de ceux qu'ils s'étaient choisis? Les prêtres du Bon-Pasteur fondent ces Œuvres à Marseille, principalement pour les ouvriers. La Révolution les emporte, et c'est celui qu'ils jugeaient le moins capable de ce ministère (1) qui rétablit l'Œuvre pour la petite bourgeoisie. M. Jullien veut ressusciter l'Œuvre des Ouvriers ; Dieu lui donne tout le mérite de la conception, mais lui en refuse l'exécution ; et c'est un prêtre à peine sorti de l'enfance qui réalise cette idée à laquelle il n'avait jamais pensé de sa vie. Trop jeune à vingt-trois ans pour aller tout seul, il cherche des appuis ; ils lui manquent tous successivement, même les plus solides, et ce n'est qu'après quatorze ans que, mûri par l'expérience des contrariétés humaines, il finit par où il aurait dû commencer, par faire une Œuvre s'appartenant à elle-même, plus encore dans son esprit, dans ses principes, que dans son installation matérielle.

C'est tout ce que j'ai voulu vous montrer dans ce long récit. Puisse-t-il augmenter votre foi, votre reconnaissance envers Dieu, votre expérience des choses de la vie, sans vous laisser le moindre ressentiment de rancune et d'animosité. Ne vous arrêtez pas aux faits particuliers, cela rétrécirait vos idées ; ils sont le fruit nécessaire des faiblesses de notre pauvre humanité. Comment oseriez-vous blâmer la violence de l'attaque, alors que la défense a, incontestablement, si souvent dépassé le but ? Dans la

---

(1) Voir la belle *Vie de M. Allemand* par M. Gaduel, son enfant.

chaleur du combat, on ne calcule pas les coups,
ils ne portent pas toujours comme ils le devraient.
Ces violences s'excusent par l'entrain, la chaleur de
la mêlée. La plus stricte justice admet chaque jour,
devant les tribunaux, ces circonstances atténuantes.
Au fond, vous l'ai-je dit, il n'y avait qu'une question
de principes, soutenus de part et d'autre avec une
conviction, une bonne foi d'autant plus grande que
les événements ont donné raison aux deux partis,
en permettant que, dans la même époque, presque
au même moment, tous les deux triomphassent
dans une sphère différente, avec un égal succès.
Les Œuvres de Jeunesse doivent-elles avoir une
direction laïque ou une direction sacerdotale ? Il n'y
a de vérité absolue d'aucun côté, cela dépend du
point de vue où on se place ; et Rome l'a bien compris en approuvant ces deux méthodes avec sa
suprême autorité, mais sans décider cependant, tant
s'en faut, que la direction des âmes par les laïques
valût mieux que leur direction par des prêtres.

CHAPITRE VI

CHRONIQUES.

Forsàn et hæc olim, meminisse juvabit.
(ŒEÉIDE.)

I.

Première année 1847-1848.

1. Pauvreté de notre Chapelle. — Nous vous avons raconté la pauvreté de notre Œuvre à ses débuts ; elle dura longtemps dans toutes les choses à notre usage personnel, appartements, jeux, mobilier. Mais, dès les commencements, alors que nous n'avions pas même le nécessaire, tous nos soins se portèrent vers notre chapelle ; et c'est ainsi que, peu à peu, votre esprit de religion en fit une des plus riches de Marseille, et, sans contredit, l'Œuvre de Jeunesse la plus luxueuse de France, dans tout ce qui touche au service divin. Mais que de peine pour en arriver là ! Que d'industries pour compenser le manque de ressources ! Je me souviens que le premier jour, nous voulûmes chahter au moins

l'absoute des morts. Comment nous procurer un catafalque ? Deux tréteaux placés en biais, car ils étaient trop longs, formèrent la base ; un volet, décroché à une fenêtre, fit le dessus. Mais c'était plat ; cela n'avait pas de style, ne ressemblait pas à un catafalque. Nous avions deux lanternes polygones pour éclairer la cour : couchées à plat sur le volet et revêtues d'un grand châle noir que me prêta ma mère, elles firent merveille, et personne ne se douta du génie inventif que recouvrait ce voile.

2. Première réception de Congréganistes. — Elle eut lieu le dimanche 21 novembre, fête de la Présentation de Notre-Dame. C'était choisir un beau jour. Ils n'étaient que quatre, n'avaient que vingt-un jours de noviciat. Mais, depuis dix-neuf mois, ils avaient fait partie du Catéchisme de Persévérance et méritaient bien cette exception. Trois d'entre eux ont eu des existences très diverses ; le quatrième, Victor Bouisson, dont j'ai écrit la vie, mourut en odeur de sainteté, après avoir édifié ses camarades pendant les sept années suivantes.

Le cérémonial de cette réception était semblable à celui que vous avez tous vu depuis. Seulement, notre Œuvre n'était pas encore consacrée au Sacré-Cœur de Notre-Seigneur, et la formule de réception était différente. Uu des récipiendaires lisait, au nom de tous, un acte de renouvellement des vœux du

baptême, et un autre, une consécration au Saint
Enfant-Jésus. C'était l'usage antique de l'Œuvre de
M. Allemand. Cinq ans après, le 14 janvier 1853,
nous changeâmes cette formule, dans une circons-
tance solennelle, ainsi que nous le raconterons en
son lieu.

3. LE JOUR DE LA PRÉSENTATION eut lieu, pour la
première fois, la rénovation des promesses du baptême, après la messe, devant le Saint-Sacrement
exposé. Toutefois, comme nous n'avions pas encore
de congréganistes, les quatre premiers ne devant
être reçus que le soir, les Directeurs firent seuls ce
renouvellement. Vous savez que, plus tard, cette
cérémonie est devenue une des plus belles de l'année.
   Après la bénédiction du local et la Toussaint, ce
fut la première fête célébrée dans notre Œuvre. Il
n'y avait encore que trente-trois enfants présents.
L'année suivante, à pareil jour, nous étions déjà
cent vingt-neuf.

4. A NOEL, nous étions bien peu nombreux et
bien peu formés pour célébrer les offices de la nuit.
Point de choristes pour chanter ; des sacristains pi-
toyables pour servir à l'autel. Pourtant, comment
nous priver de la messe de minuit qui, dans ce diocèse, ne peut être une messe basse ? Monseigneur
l'Evêque nous permit de remplacer les Matines du

jour par celles du petit office de la Sainte-Vierge.
Restait la grand'messe. Pour comble de malheur,
une pluie effroyable tomba toute la nuit. Jusqu'au
Gloria in excelsis, tout alla assez bien ; mais je l'en-
tonnai beaucoup trop haut ; un de ces messieurs
voulut le reprendre, se trompa et prit plus haut encore. Enfin, nous arrivâmes au bout sans trop de
scandale ; car personne n'était assez artiste pour
trouver à critiquer. Pendant le silence du Canon de
la messe, des contrebandiers, profitant de l'orage,
passèrent leurs marchandises par la petite ruelle qui
longeait la chapelle, ce qui fit grand peur à nos
jeunes enfants.

5. Révolution du 24 Février 1848. — Les
maçons travaillaient aux constructions de cet
affreux pavillon octogonal, qui devait servir d'entrée du côté de la rue d'Oran, n° 13 ; les murs
étaient déjà au niveau de la cour, quand, tout à
coup, je vois nos ouvriers reprendre leurs vêtements et s'en aller. J'appris ainsi qu'une révolution
venait d'éclater à Paris. L'émotion était immense
dans Marseille. Nous n'en continuâmes pas moins
tous nos exercices journaliers, aux heures ordinaires. La majorité de nos enfants devint promptement républicaine, il ne faut pas trop leur en
vouloir, tant de bons catholiques l'étaient devenus
à ce moment ; mais cela dura peu, surtout quand,

au lieu de la pluie d'or qu'ils attendaient, ils entendirent siffler les balles, virent le sang couler et, peut-être pis encore, quand leurs parents durent payer les 45 pour cent d'impôt. Le règne de Louis-Philippe semblait éternel; la République, qui le remplaçait, se promit aussi l'éternité. Que de révolutions devaient encore voir notre Œuvre! sous combien de gouvernements elle devait encore vivre! comme pour nous apprendre que Dieu seul est éternel et que les œuvres qu'il fonde lui-même ont seules la stabilité.

6. Première Semaine-Sainte. — Nous ne pouvions, avec de si jeunes enfants, faire encore tous les offices de la Semaine-Sainte. Pourtant, à cette première année, nous fîmes, le matin, toutes les fonctions du jeudi et du vendredi saints, avec procession et reposoir. Le vendredi soir nous, prêchâmes la Passion.

7. Visite de Monseigneur Marilley. — Dans le courant de l'été, je ne sais plus au juste à quelle date, nous reçûmes la visite de S. G. Mgr Marilley, évêque et comte de Lausanne, prince du Saint-Empire, évêque de Genève, chassé de Fribourg après la chute du Sonderbund. C'était la première visite épiscopale dans notre Œuvre. Nous le reçûmes de notre mieux, ainsi que l'exigeaient et son rang

élevé et sa qualité de confesseur de la Foi ; mais que cette pompe vous paraîtrait mesquine aujourd'hui ! Il donna la bénédiction du Saint-Sacrement.

8. Première Communion. — Le 9 juin, fête de la Pentecôte, eut lieu, pour la première fois, la première communion de nos enfants, avec le même cérémonial observé jusqu'à nos jours. Ils n'étaient que trois, mais c'étaient les prémices de ces belles premières communions, plus tard si nombreuses.

9. Association des Saints-Anges. — Le 18 juin, fondation de l'Association des Saints-Anges, pour les congréganistes les plus fervents, en dessous de seize ans. Ils ne furent que cinq en commençant et, après trente-un ans, il en reste encore un au milieu de nous. Vous souvenez-vous de leur pittoresque chapelle, au fond de la cour, du côté nord-est, précisément là où est aujourd'hui notre grand bassin de natation ? C'était un vieux pigeonnier chancelant, on y montait par un escalier extérieur tout délabré. Nous le fîmes consolider et réparer de notre mieux, on pouvait y tenir dix en se serrant bien. Une modeste niche abritait une pauvre petite Vierge en plâtre ; le plafond était en papier. Que cela ressemblait peu à la somptueuse chapelle des associations construite de nos jours ! Mais que de ferventes prières, que d'actes de vertu cette chétive

7

chapelle a été le témoin ! Sa destruction a emporté
mes plus vifs regrets ; j'aurais voulu la conserver
comme un précieux souvenir de nos premiers
temps; mais elle disparut d'elle-même sous le poids
des ans.

10. JOURNÉES DE JUIN. — Le jeudi, 21 juin, Fête-
Dieu, eurent lieu les sanglantes journées de Paris
et de Marseille, avec barricades et batailles, grand
nombre de morts et de blessés. Quelques enfants
vinrent cependant l'après-midi ; mais nous les ren-
voyâmes de bonne heure, sans donner la bénédiction du T.-S. Sacrement. Je crois que c'est la seule
fois, dans la suite des années, où un exercice ne
s'est pas fait de la manière ordinaire.

11. PREMIÈRE CONFIRMATION. — Le dimanche, 2
juillet, nos trois premiers communiants furent confirmés dans la chapelle de M. Allemand. Après la
cérémonie, M^r l'Évêque visita notre maison pour
la première fois. Nos enfants étaient cent dix-neuf.
Il fut bien bon, bien affectueux, parut très satis-
fait. Cependant nous le reçûmes sans solennité,
nous n'aurions pas su le faire dans ce temps.

12. LES CHEVALIERS. — Pourtant nous avions
déjà une brillante compagnie de chevaliers, vêtus
de belles blouses bleues avec ornements blancs,

ouvrage de ma complaisante mère, qui passait toutes ses journées à travailler pour nous. Ces beaux costumes, un peu fripés après trente-deux ans, servent encore à nos jours de fêtes, sans que vous connaissiez peut-être leur antiquité et les nobles cœurs qui battirent jadis sous eux. Ces chevaliers ont joué un grand rôle dans l'Œuvre, et je connais parmi vous des hommes de quarante ans et même des prêtres, très fiers d'en avoir fait partie. Le vent était alors à la garde nationale et, comme la mode est tout en France, on ne voyait dans les rues qu'épaulettes et plumets avec grands sabres traînants. Cette garde nationale n'était pas plus sérieuse que la nôtre et ne rendit pas de plus grands services à la patrie. L'Empire la supprima plus tard et la nôtre existe encore, au moins à certains jours.

13. BANQUET PATRIOTIQUE. — Vers cette époque, la République, présidée à Marseille par M. Émile Ollivier, jeune préfet qui ne comptait pas encore vingt-cinq printemps, donna un grand festin patriotique à la plaine Saint-Michel, devant une colossale statue de Marianne, aux larges mamelles allégoriques. Le dimanche suivant, nos enfants voulurent avoir le leur, car dans toute la France on faisait la même chose. Je ne sais où étaient les plus grands enfants. De longues tables s'allongèrent dans

notre hangar poudreux, chacun donna *un sou* et eut, pour ce prix, une tranche dorée, une tranche de pastèque, une poignée de noisettes torréfiées et un verre de sirop. Les festins patriotiques coûtaient davantage et ne valaient pas mieux... si ce n'est à la table aristocratique des autorités. En revanche, personne ne roula par terre et nos chevaliers se tinrent mieux sur leurs jambes que les gendarmes sur leurs chevaux.

14. PREMIÈRE RETRAITE ANNUELLE. — Au mois d'août, nous fîmes, pour la première fois, notre grande retraite annuelle, selon l'usage de M. Allemand. Nous la transférâmes, quelques années après, au mois de novembre, époque bien plus favorable que celle de la canicule. Elle fut bien suivie, vu notre petit nombre, car pendant longtemps, l'été fut notre plus grand ennemi. Dans ce temps, bien changé depuis, où la majeure partie des habitants de Marseille étaient Marseillais, la passion des *bastides* était universelle. Nos enfants partaient le samedi soir avec leurs parents et ne revenaient que le lundi matin. Plus d'offices, plus d'instructions, plus de sacrements, souvent plus de messes. Après plusieurs absences, ils se dégoûtaient de l'Œuvre ou n'osaient plus y revenir. Ce fut, pendant de longues années, la cause de leur peu de persévérance; aujourd'hui ce sont les divertissements publics, cela ne vaut pas mieux.

15. **Statue de la Vierge de la cour.** — La statue en pierre de la Sainte-Vierge, qui est encore sur la fontaine, au fond de la cour, fut achetée, vers le mois d'août ou de septembre, d'un sculpteur, sous-lieutenant de la garde nationale, blessé à une barricade et qui, se trouvant en ce moment dans une situation pénible, nous la céda pour 100 fr. Une quête, à laquelle contribuèrent soixante-deux de nos enfants, produisit 73 fr. 20 centimes, les Directeurs ajoutèrent le reste. Nous la plaçâmes sur un tertre entouré d'une barrière avec quatre bornes, aujourd'hui protégeant la statue de saint Joseph. Pour la supporter, on nous donna un magnifique piédestal en marbre, dont la destination avait été tout autre. Étant bloc, on l'avait évidé et il avait passé à la Douane bourré de foulards; puis, on en avait fait un monument consacré à Lucifer ou peu s'en faut, avec cette inscription mystérieuse : A LUI. Sa nouvelle destination le purifiait en en faisant le trône de la Reine du ciel, et l'inscription effacée a fait place à une fontaine qui vous désaltère. Tout cela ne devait pas amuser le diable, et nous lui réservions bien d'autres tours.

En 1852, elle fut déplacée et mise sur le bassin, aujourd'hui caché par la maison des débarras. Nous la transportâmes dans notre nouveau local du boulevard de la Madeleine, en 1856, sur la fontaine où vous la voyez depuis. Nous avons dans nos archives

là liste des souscripteurs; plusieurs viennent encore
à l'Œuvre, cela leur a porté bonheur.

16. GRAND NOMBRE DE POSTULANTS. — A la fin de
cette première année, quatre cent vingt enfants,
presque tous très jeunes, s'étaient fait inscrire à
notre Œuvre. Ils y venaient par bandes et n'y res-
taient pas. Le vénérable chanoine Audibert, curé
de Saint-Cannat, nous en envoya quatre-vingt-
deux dans une seule fois, après leur première communion. Dans toute autre maison, on aurait regardé
cela comme un succès; mais ces avalanches nous
nuisirent beaucoup. Il était impossible de disci-
pliner, de donner un esprit commun à des enfants
venant si nombreux à la fois. Le premier dimanche,
c'était un enthousiasme indicible, on les recevait
si bien! on les faisait tant amuser! Le dimanche
suivant, il ne venait presque plus personne. Le 29
octobre, dernier jour de notre première année, nous
n'étions que cent vingt-neuf, et c'était le plus fort
chiffre des présences de toute l'année.

Le mardi, 31, nous revit à Notre-Dame de la
Garde; nous avions tant de remerciements à faire à
notre Bonne Mère, tant de grâces à lui demander.

II

Seconde année 1848-1849.

17. PREMIER ANNIVERSAIRE. — Le mercredi, 1ᵉʳ novembre, nous célébrâmes notre premier anniversaire de fondation. Après vêpres, et pour la première fois, nous proclamâmes nos charges. Nous avions reçu dans le cours de l'année trente-six congréganistes, treize furent encore reçus ce jour-là ; nous pouvions donc choisir facilement parmi ces quarante-neuf congréganistes nos quatre dignitaires et nos autres charges, d'autant plus qu'à cause de leur jeune âge, la plupart de ces emplois étaient purement honorifiques, mes collaborateurs en exerçaient les fonctions. C'étaient, si vous le voulez, des sortes de chanoines-honoraires ; comme eux ils ne tardèrent pas à se prendre au sérieux.

Ces charges étaient à peu près les mêmes que de nos jours. Les sacristains servaient aussi à l'autel ; il n'y avait pas d'enfants de chœur. Ils le faisaient en habit de ville, selon l'usage de M. Allemand, ce qui n'était ni liturgique, ni artistique, surtout avec les vêtements de travail. Il y avait aussi des infirmiers et des lecteurs que nous supprimâmes bientôt à cause de leur incapacité à soigner les malades ou à lire correctement à la chapelle. C'était encore un usage suranné de l'Œuvre de M. Allemand. Quand nous avons un malade il vaut bien mieux le confier à ses meilleurs amis ou aux plus pieux qui ont toujours des charges plus importantes. Le soir, pareillement, on fait lire le plus habile. C'est ainsi que nous nous débarrassâmes peu à peu de certaines routines, qui n'avaient pour elles que l'usage.

Enfin, pour la première fois, nous chantâmes le *Te Deum* en action de grâces de notre fondation et de notre conservation pendant toute une année. C'était bien peu encore, mais combien d'œuvres ne durent pas plus dans ce siècle d'instabilité?

18. Présentation de Notre-Dame. — Mardi, 21 novembre, la Présentation de Notre-Dame. Nous n'avions pas encore obtenu la permission de la renvoyer au dimanche. Nos congréganistes, la main sur l'Évangile, prononcèrent la formule abrégée de leur renouvellement du baptême devant le Saint-Sacrement exposé, à l'exercice du soir. Mais plusieurs manquaient forcément à cause de leur travail, et un des premiers actes de notre liberté, quand nous l'eûmes conquise, fut de renvoyer cette fête au dimanche suivant, avec la permission de Mgr l'Évêque, et, plus tard, du Saint-Siége.

19. Grandes Antiennes. — Pour la première fois nous expliquons et nous chantons tous les soirs les

grandes Antiennes *O*, avec le *Magnificat*. Notre maison prend peu à peu ces habitudes liturgiques, qui seront un jour son caractère distinctif.

20. Noel. — Mgr de Mazenod nous permet encore de remplacer le grand office de Noël par le petit office de la Sainte-Vierge. La grand'messe se chante avec progrès sur l'an passé, mais ce n'est pas encore merveilleux. En revanche, le temps est superbe et nous n'avons pas l'affreux orage de l'année dernière. Une grande innovation signala cet office de la nuit. Nous renonçâmes à ces habits laïques, si variés de couleur et de forme, et les enfants servirent enfin à l'autel en habit ecclésiastique. Ce qu'apprenant, les directeurs de l'Œuvre de M. Allemand firent aussi des costumes de chœur. Après cinquante ans, ils nous durent donc cet heureux changement. Seulement, selon l'usage français, nous leur mîmes des aubes avec de larges ceintures rouges moirées. Ce ne fut qu'en 1864, aux grandes fêtes de la Dédicace de N.-D. de la Garde, que nous adoptâmes la *cotta* romaine, copiée depuis dans un grand nombre d'églises de Marseille. *Unicuique suum.*

21. Jubilé de 1849. — Le 1er janvier 1849, pour la première fois, nous faisons les prières publiques ordonnées par Mgr l'Evêque pour notre Saint-Père le Pape, grandement persécuté à Rome. Hélas !

pendant plus de trente ans, nous devions continuer ces prières, qui ont eu le grand avantage de faire naître et grandir parmi nos jeunes gens cet ardent amour de Rome, si peu connu jusques-là.

22. L'Épiphanie, fête patronale de l'Œuvre, se célèbre avec toute la pompe possible, devant le Saint-Sacrement exposé tout le jour. La grande quête annuelle se faisait dès cette époque au profit de la chapelle et rendait 80 fr. 30 c., un peu plus que l'année dernière. Ce chiffre paraît bien petit en comparaison des quêtes des années suivantes, mais il est déjà merveilleux, si l'on considère l'âge de nos enfants et leur position dans le monde.

23. La Purification est signalée par un petit incident grotesque. J'avais acheté les cierges en ville, ils avaient donc payé tous les droits d'octroi. Avant de les faire sortir, je les présente au bureau du cours Devilliers, avec ma facture, priant le receveur de les laisser rentrer le lendemain matin, sans inquiéter les enfants. Cet employé était renommé par son mauvais caractère, il refuse absolument. Mais il comptait sans nos enfants qui, se précipitant sur cette descente argileuse qui conduisait à la rue d'Oran, avec leur cierge à la main, criaient à tue-tête : *A escapa un garri !* Le pauvre garde de les poursuivre sans pouvoir en saisir un seul. Cela

dura demi-heure. Nous ne volions pas la Ville, puisque les droits d'entrée avaient été payés. De ce temps, on ne rougissait pas de porter son cierge à la main et on ne l'emportait pas de nuit ou caché dans son parapluie.

24. FONDATION DE LA RÉUNION. — Le 19 mars 1849 eut lieu une fondation bien obscure, sans aucun éclat, mais qui devait avoir une influence décisive sur les destinées de l'Œuvre. L'année précédente, au mois de juin, nous avions établi l'Association des SS. Anges pour les meilleurs congréganistes. Les âges y étaient provisoirement confondus, ce qui empêchait de leur donner une direction uniforme. Le jour de saint Joseph, nous établîmes la Réunion dite du Sacré-Cœur et de saint Joseph, pour les congréganistes au-dessus de seize ans, qui nous donnaient les meilleures espérances, par leur piété d'abord, mais surtout par leur aptitude aux divers services de la maison. Trois seulement en firent partie au début et jamais leur nombre ne fut très-considérable, une douzaine, au plus, pendant bien longtemps. Mais quel bien a fait cette Réunion ! C'est par son aide et son dévouement que nous avons pu tenir tout seul et pendant si longtemps, à la direction d'une Œuvre si considérable. Elle nous a permis de reprendre enfin notre autonomie et de nous passer de tout concours étranger.

Que de saints prêtres, de bons religieux, sont sortis de cette Réunion ! Aussi mîmes-nous tous nos soins à la formation de ses membres, et jamais, depuis lors, nous n'avons cessé de la présider. Elle se prêta tout de suite à tous les services avec un inconcevable dévouement. Ainsi, nous avions un concierge chargé en même temps de la propreté de la maison. M. François était un bien brave homme, parfaitement sûr, mais qui avait une peur atroce à chaque choléra. Au premier décès, il partait pour ses montagnes et ne revenait qu'après le dernier décès bien et dûment constaté. Il nous aurait été impossible de mieux rencontrer ; nous prenions donc patience quoique la maison pût en souffrir beaucoup dans son ordre extérieur. La Réunion, dans ces moments, suppléait à tout. Le soir, après le départ, qui avait lieu de ce temps à 8 heures et quart, ils balayaient la maison pendant plus d'une heure. Elle ne pouvait rester sans gardien pendant la nuit à cause du T.-S. Sacrement ; l'un d'eux, Victor Bouisson, venait y coucher, et le matin, après m'avoir servi la messe, il travaillait encore à mes écritures jusqu'à l'heure de son bureau. Si je le cite en particulier, c'est qu'il est mort ; mais combien d'autres se multipliaient pour nous rendre service, malgré leur travail journalier, jusqu'à se livrer aux fonctions les plus viles aux yeux des hommes, mais si méritoires devant le bon Dieu. Le Canal de

Marseille ne coulait pas encore, nous n'avions pour désaltérer nos enfants, toujours morts de soif, qu'un puits de vingt mètres de profondeur. Quelle peine il fallait pour remplir tous les samedis, une caisse de mille litres, provision à peine suffisante du dimanche! Les membres de la Réunion y pourvoyaient.

25. Seconde installation des Charges. — Le lundi de Pâques, 9 avril, nous installâmes, pour la seconde fois, nos charges. Nos enfants étaient encore trop jeunes, trop inconstants, trop mal formés, pour les remplir une année entière, et de très-bons sujets venus dans l'intervalle pouvaient mieux les occuper. Le premier supérieur n'avait que quatorze ans! Nous n'avions pas mieux trouvé. A l'avenir, les charges se donneront une seule fois par an, le jour de la Toussaint.

26. Vacances du Mardi de Paques. — Le lendemain mardi, les membres de la Réunion passèrent la journée à la campagne de la Viste, repos bien mérité après toutes les fatigues de la Semaine-Sainte, car nous avions fait tous les offices. Cet usage de la promenade du mardi de Pâques s'est toujours conservé.

27. Première Communion. — Le 27 mai, nous eûmes quatorze premières Communions et trois du

pensionnat des Frères, dont j'étais l'aumônier béné-
vole, en attendant qu'ils eussent un autre local. Le
17 juin, Mgr l'Evêque les confirma pour la première
fois dans notre pauvre petite chapelle.

28. Adoration du Dimanche. — La Retraite
annuelle se clôture encore le 15 août. Le 19, nous
commençâmes l'adoration perpétuelle du Dimanche. Les membres de la Réunion la faisaient à tour
de rôle, depuis la messe jusqu'au départ, et les
enfants des SS. Anges depuis les vêpres jusqu'à
la sortie. Cet usage, toujours conservé, a été une
source de bénédictions pour notre maison. Pendant
que le grand nombre s'amuse, quelques-uns des
meilleurs prient pour eux.

29. Dévotion au premier Vendredi du mois. —
J'ai parlé du choléra : il sévit à Marseille pendant
cette année avec une grande intensité. La population, pleine des douloureux souvenirs de 1834,
1837, mais surtout de 1835, était affolée de terreur.
Tout ce qui pouvait quitter la ville s'en alla au
loin ; les bastides regorgeaient de fuyards et un
grand nombre de nos enfants suivirent leurs familles.

Dès la première année, nous avions établi l'exercice du premier Vendredi de chaque mois en
l'honneur du Sacré-Cœur ; mais cet exercice, encore

peu suivi, n'avait aucune solennité. Nous tâchâmes
de remonter le moral de nos enfants, leur faisant
promettre une grande exactitude à chaque bénédiction
tion du premier Vendredi pendant un an, si le
Cœur Sacré de leur bon Maître les épargnait eux et
leurs parents, pendant la durée du choléra. La promesse
messe fut faite avec enthousiasme et encore mieux
tenue. Rien n'était touchant comme de voir arriver
chaque mois nos congréganistes dispersés dans la
banlieue. Nous profitions pour les faire confesser, ils
repartaient à pied à 8 heures et demie du soir, joyeux
et pleins d'une espérance qu'ils faisaient partager
à leurs familles. Quand le choléra fut fini et nos
enfants rentrés, nous nous comptâmes, il n'en manquait
quait pas un, pas un n'était en deuil. En souvenir
de cette protection, nous fîmes faire un tableau du
Sacré-Cœur, aujourd'hui dans la nef de Saint-
Joseph. Un Ange doré le surmonte tenant cette
inscription : *Ad te clamaverunt et salvi facti
sunt. MDCCCXLIX.* A dater de ce moment, la
dévotion au Sacré-Cœur augmenta beaucoup dans
notre Œuvre et ne cessa de s'accroître dans la suite.

Un autre souvenir se rattache à cette époque : un
premier vendredi, je ne sais de quel mois, c'était à
la fin de l'été, assis sur un banc de pierre à l'entrée
de l'Œuvre, nous attendions l'heure de l'exercice.
Je chantais à mes enfants le *Tantum ergo*, usité
dans le diocèse d'Avignon, mais alors inconnu à

Marseille. Cet air leur plut beaucoup et il fut décidé que nous le chanterions à l'avenir tous les premiers vendredis du mois. Vingt-deux ans après, à l'époque de la résurrection religieuse qui suivit les désastres de Sedan, nous fîmes orchestrer cet air pour notre musique militaire et le prêtâmes à la musique du 58ᵐᵉ de ligne. Les manifestations extérieures s'en emparèrent et depuis huit ans on le chante partout.

III

Troisième année, 1849-1850

Peu d'événements remarquables dans cette troisième année, ou du moins, le souvenir ne nous en est pas resté, le journal de l'Œuvre n'ayant commencé que l'année suivante, et encore d'une manière très-incomplète.

3o. Esprit Liturgique. — Ce qui distingue cette année des précédentes, c'est un plus grand développement de l'esprit liturgique, et, par conséquent, de piété. Nous avons dit, dans notre *Méthode de Direction des Œuvres de Jeunesse*, quelle importance nous attachions à cet esprit, inconnu à l'Œuvre de M. Allemand peu porté à ces solennités du culte et qui nous appartient en propre. Nous ne pouvions donc laisser plus longtemps notre ignoble

salle d'auberge dans son état primitif. Les cinq
grandes croisées furent bouchées et remplacées par
quatre petites fenêtres plein cintre, avec des rideaux
rouges qui tamisaient la lumière. Cela donnait un
air chapelle. Une corniche au plafond et une
barrière en bois séparaient le sanctuaire, tapissé
les jours de fête avec des rideaux de calicot rouge
et des festons blancs. Vous avez encore ces objets
dans votre arsenal, et plus tard une petite tribune
reçut les chanteurs les jours où nous faisions de la
musique, car nous en faisions quelquefois, et pas
trop mauvaise.

Le plain-chant nous donna beaucoup de peine,
aucun ne le connaissait ; un orgue était donc indispensable pour soutenir les chanteurs et les entraîner.
J'achetais, en 1848, aux enchères forcées qui suivirent la déconfiture de l'Œuvre de la Loubière,
l'orgue de la Pastorale de M. Jullien. S'il ne valait
pas grand'chose, il était bon marché. Mais l'orgue
ne jouait pas tout seul et c'est à grand'peine que je
trouvais un organiste les jours de fête. Je me mis
donc à l'apprendre et le tenir tous les dimanches
aux vêpres, soufflant avec les pieds, jouant avec les
mains, chantant de toutes mes forces, pinçant les
choristes inexpérimentés ou endormis, menaçant
du geste les enfants dissipés. Quelle activité on a à
vingt-six ans, et que je serais embarrassé de le faire
encore trente ans après!

Les jours de grande fête, j'invitais un prêtre pour officier aux vêpres : c'était plus facile à trouver qu'un organiste. Aux grand'messes, j'étais toujours en quête d'un diacre et d'un sous-diacre. Nous les revêtions de nos dalmatiques en cuivre verni, que nous trouvions alors magnifiques avec leur faux air de drap d'or. Elles font encore aujourd'hui les beaux jours de notre Œuvre de la Viste... faute de mieux.

Les enfants de chœur n'étaient pas plus experts que les choristes, et les sacristains non plus. Il faut des traditions et un long usage pour établir ces choses. J'avais beau mettre les cérémonies par écrit, préparer les choristes, ils ne savaient rien exécuter. Que d'impatience, de vivacité, de colère même ! les anciens s'en souviennent et ne comprennent plus le calme des temps modernes. C'est que, peu à peu, nos enfants sont devenus très-forts. Le progrès fut lent, mais aujourd'hui nous défions les plus belles cathédrales.

31. INDULGENCES. — Dans cette même année, nous obtînmes de Rome de nombreux Rescrits d'Indulgences. C'était le commencement des innombrables faveurs que nous devions obtenir de l'immortel Pie IX. Vous en avez le détail imprimé à la suite du Règlement de l'Œuvre.

32. INCONSTANCE DES ENFANTS. — Nous reçûmes,

pendant cette année, trente congréganistes et nous eûmes quinze premières communions le jour de la Pentecôte. Neuf d'entre eux furent confirmés le 27 octobre suivant, à l'Œuvre de M. Allemand, et trois autres, le 19 mars 1851, dans notre chapelle, par Mgr Massaïa, capucin, vicaire apostolique de l'Abyssinie. Une absence de Mgr de Mazenod fut la cause de ce retard.

De ce temps, et longtemps encore, les enfants, et même les congréganistes, persévéraient bien peu. L'immense majorité nous abandonnait sous le moindre prétexte; aucun soin, aucune tendresse, aucun service, — et nous leur en rendions de bien grands, — ne pouvaient les retenir. C'était une désolation, une immense douleur, je puis bien vous l'avouer tant d'années après. Aujourd'hui l'expérience nous a appris à ne jamais désespérer d'un jeune homme, pourvu qu'on ait le temps de lui donner de bons principes. A l'échéance, il tient rarement ses engagements, il lui faut un long crédit, mais enfin il paye tôt ou tard, ordinairement très-tard. Ce n'en était pas moins un bien grand chagrin d'en voir partir tous les trimestres une centaine et, trop souvent, à l'instigation de leurs maîtres. La grande majorité venait une fois ou deux et s'en allait. Mais d'autres fois, c'étaient les meilleurs, ceux, surtout, pour qui on avait le plus fait; les bienfaits devenaient une cause de perdition, tant la reconnaissance est un lourd fardeau pour les âmes grossières. Mes anciens, qui m'avez demandé d'écrire ces pages, pensez aux larmes que vous avez fait répandre à votre père et que Dieu vous accorde plus de bonheur avec vos enfants! Et voilà pourquoi sur quinze premiers communiants, préparés avec tant de sollicitude, neuf seulement furent confirmés cinq mois après.

33. LA BANQUE DES BILLES. — Que je n'oublie pas un fait très-important, qui a peut-être son origine dans l'année précédente : l'ouverture de *la Banque des Billes!* Si l'on considère tout ce qu'elle a donné de joie à nos enfants, depuis si longtemps, vous trouverez, comme moi, que c'est un fait de la plus haute gravité. Le règlement donnait aux banquiers le monopole des billes dans l'Œuvre ; ils vendaient à un taux et rachetaient à un autre, prêtaient sur billet à trois signatures au modeste intérêt de 5 o/o par mois, sans grand profit cependant, car souvent à l'échéance les endosseurs ne valaient pas plus que les souscripteurs. Ils avaient la planche des billets de banque, payables à vue et sans retenue; enfin c'était une banque complète. Quand ils avaient trop de numéraire, je veux dire de billes, ils les exportaient jusqu'en Algérie. Toutes ces petites opérations donnaient, à la fin de la saison, un petit bénéfice employé à l'achat d'un cœur en argent ou

de tout autre bijou, suspendu à l'autel de la Sainte-Vierge. Trente ans après, les banquiers perfectionnèrent le système, en faisant une banque par actions remboursables, intérêt et capital, par des tirages au sort qui ne se firent jamais. Leur faillite ne fut pas déclarée, et, par un concordat tacite, les créanciers s'estimèrent très-heureux d'avoir amusé les enfants.

IV

Quatrième année, 1850-1851

34. LA TOUSSAINT, 1850. — La quatrième année s'ouvrit sous les plus heureux auspices; nous avions pris un grand développement. Le contrôle accuse 162 inscrits, au 1ᵉʳ décembre 1850; à savoir : 68 congréganistes, 30 novices et 64 petits de dix à douze ans.

Après notre pèlerinage annuel à Notre-Dame de la Garde, nous chantâmes, le jour de la Toussaint, une belle grand'messe; nous étions assez sûrs de nous pour inviter des personnages à nos offices. M. le chanoine Carbonnel, secrétaire-général de l'Évêché, officia; je lui fis assistant, car de ce temps l'Évêque ayant deux assistants, les prêtres s'en donnaient un. Deux clercs du Petit-Séminaire firent diacre et sous-diacre. Il y eut soixante-quatre com-

munions, c'était déjà beaucoup. M. Carbonnel
raconta la cérémonie à notre vénérable Évêque,
qui nous en aima encore plus. Nous avions du
reste les sympathies de tout le clergé et, grâce à
Dieu, elles ne se sont jamais démenties. Peut-être
sommes-nous la seule Œuvre qui n'ait jamais eu de
conflit avec messieurs les prêtres.

Le jour des Morts, il y eut encore six communions à la grand'messe ; c'était le commencement
de ces communions de la semaine devenues, plus
tard, si nombreuses.

35. CLASSE DU SOIR. — Pendant l'hiver, nous
commençâmes une classe du soir qui dura plus
d'une année et puis s'arrêta faute d'élèves, tant les
jeunes gens ont peu de constance.

36. PRÉSENTATION LE DIMANCHE. — Pour la première fois, la fête de la Présentation de N.-D. fut
renvoyée au dimanche, avec la permission de Mᵍʳ
l'Évêque. Elle fut très-brillante ; M. Guiol officia
tout le jour et prêcha à vêpres. Après la messe, le
Saint-Sacrement étant exposé, les congréganistes
firent leur rénovation pendant que le chœur chan-
tait avec beaucoup d'entrain la belle hymne *Quam
pulchrè graditur*, souvenir de Saint-Sulpice, devenue si populaire à l'Œuvre. C'est le cérémonial
toujours observé depuis, excepté en l'an 1877 où la

bénédiction du matin nous fut interdite, au grand désespoir de nos jeunes gens.

Après la messe, eut lieu le grand conseil annuel, consistant uniquement en un déjeuner offert par le Directeur, aux dignitaires et aux conseillers. Il y eut cependant, *inter pocula*, une grave délibération, qui décida de liquider la banque pour cette année et avec le profit, joint à une souscription volontaire, d'acheter un cœur en argent; contenant les noms de tous les congréganistes, pour l'offrir à la Sainte-Vierge le jour de l'Immaculée Conception. C'est le plus grand de ceux suspendus à son monument. Après vêpres, un grand ballon fut lancé avec une pleine réussite, tradition peu conservée à l'Œuvre.

37. L'ECOLE DES MOUSSES. — Le 8 décembre 1850, je fus nommé, pour quinze jours, aumônier de l'École des Mousses et Novices; j'y restai dix ans. Notre Œuvre put faire beaucoup de bien à ces pauvres enfants; ils y venaient tous les dimanches, l'après-midi, conduits par leurs quartiers-maîtres, assistaient aux vêpres et au sermon; et jouaient avec nous jusqu'au soir. Quatre ou cinq fois par an, ils faisaient leur première communion dans notre chapelle. Le 15 mai 1851, toute la Chambre de Commerce, avec son président en tête, vint assister à cette cérémonie; il y avait un très-grand

nombre d'enfants de l'Œuvre, quoique ce fût un jour de travail.

38. Piété des Enfants. — Cette année, nous établîmes le prône du dimanche pendant la messe. Ce qui dura longtemps et ne cessa que quand nous n'eûmes plus la force de prêcher cinq fois par jour.

Tous les premiers dimanches du mois, quand ce n'était pas fête de première ou deuxième classe, nous récitions les vêpres des morts pour les congréganistes et les bienfaiteurs décédés.

Le second dimanche du mois était jour de retraite pour les congréganistes. Après le chapelet, le matin, les petits étant sortis, il y avait une instruction spéciale pour eux, et le soir avant l'*Angelus*, la préparation à la mort.

Tous les dimanches, pendant trois demi-heures séparées, se réunissaient les assemblées des Novices, des SS. Anges et du Sacré-Cœur. Je les présidais toutes. Tous les mercredis de Carême, nous avions le Chemin de la Croix ; nous faisions tout le mois de Marie. Ces nombreuses pratiques inoculaient, peu à peu, la piété dans le cœur de nos enfants, et ceux qui persévéraient formaient successivement ces couches de fervents catholiques, aujourd'hui le bonheur et la gloire de notre maison.

39. Prières pour la conversion des pécheurs. —

L'Œuvre de M. Allemand nous avait légué un usage qui est tombé en désuétude, et peut-être à tort. Tous les dimanches, avant le départ du soir, on récitait, les bras en croix, un *Pater* et un *Ave* pour la conversion des pécheurs. La légèreté des enfants, qui se donnaient des tapes avec leurs bras en croix, nous fit peu à peu interrompre ce bon usage.

40. Immaculée Conception. — N'ayant pas encore la permission de renvoyer nos principales fêtes au dimanche, nous célébrons le lundi 9, l'Immaculée Conception de la T.-S. Vierge. Quoique ce fût un jour de travail, il y avait cinquante enfants à la messe et quatorze communiants. La piété, seul but de notre Œuvre, croissait de jour en jour, on le voit.

41. A Noël. — Psalmodie complète des Matines de la solennité, grand'messe chantée, soixante communions, puis les Laudes, ce qui ne nous empêcha pas de revenir aux messes de l'Aurore et du Jour, qui ajoutèrent dix communions à celles de la nuit.

42. La solennité de l'Épiphanie, 12 janvier 1851. — Nous eûmes grand'messe en musique, en vraie musique, chantée par un chœur amené par M. Collin, avec accompagnement d'orgue, mais un

bon orgue, car j'avais vendu celui de M. Jullien et
en avais acheté un autre bien meilleur. Du reste,
nous avions, depuis un an, une classe de chant pour
aider à la bonne volonté du lutrin et nous chantions
de très-beaux morceaux, sans compter le premier
psaume des vêpres et le *Magnificat* à quatre parties, ainsi que le constate à chaque fête et avec
enthousiasme le rédacteur du journal quotidien,
mais fort intermittent.

43. LA PASTORALE. — Ce jour de l'Epiphanie,
nous jouâmes, pour la première fois, la Pastorale ;
mais quelle Pastorale !.... Ne vous en moquez pas
cependant, car jamais elle ne vous a autant amusés.
La salle de spectacle était notre petite cave ; la
scène, l'espace laissé libre entre la citerne et le
mur, environ trois mètres carrés ; les costumes, des
pantalons relevés jusqu'aux genoux et des habits à
l'envers ; les coulisses, des journaux collés ensemble et suspendus à des ficelles. Au milieu de la
représentation arrive un de nos bons amis, vicaire-
général d'Orléans, mais très-marseillais de nais-
sance et de cœur ; il faillit mourir de rire, et nous
avec lui. Belle époque, où nous nous contentions
de si peu ! Le siècle a progressé; nous en amusons-
nous mieux ?

44. LE JUBILÉ de l'année sainte s'ouvrit le 1ᵉʳ fé-

vrier 1851. C'est le premier que nous ayons fait
à l'Œuvre. Le lendemain, dimanche, nous étions
cent quarante, le plus fort chiffre encore atteint,
mais qui devait s'accroître l'année suivante. Il dura
un mois et nous eûmes cent cinquante communions pendant ce temps.

45. Désiré Pelloux, jeune congréganiste, mourut le 14 mars. Il était élève du Petit Séminaire et
étudiait pour être prêtre. Ce fut notre premier
décédé.

46. Le 19 mars, Mᵍʳ Cassia vint célébrer la sainte
messe et confirmer. Aucune mention, à cette époque,
de la fête du directeur. Quelques-uns seulement
venaient en cachette lui apporter un petit bouquet,
le plus grand nombre n'y pensait pas.

Pendant le Carême, M. Louis Guiol vint nous
prêcher tous les jeudis soir. Lui et son frère, alors
vicaire à Saint-Vincent de Paul, nous prêtaient
leur concours toutes les fois que nous le leur
demandions, et surtout quand j'étais indisposé,
ce qui arrivait souvent de ce temps.

47. Agitation du 4 mai. — Le journal porte cette
mention : « La bénédiction devait se donner le
« soir, après l'exercice du mois de Marie ; mais, à
« cause des événements politiques, on l'a donnée

« après vêpres et on a renvoyé les enfants de très-
« bonne heure. Nous étions moins nombreux que
« les autres dimanches à cause de cela. Les jeux
« n'en ont pas moins très-bien marché. » Cette
note rappelle une des nombreuses émotions politiques de la République. Une grande revue devait
servir de prétexte à une bruyante manifestation ;
mais il n'en fut rien, et pour cette fois nous en
fûmes quittes pour la peur.

Cette année encore, nous célébrâmes, le vendredi, la fête du Sacré-Cœur, avec grand'messe et
vêpres. Ce n'était pas encore la fête patronale de
l'Œuvre ; cette dévotion cependant augmentait de
jour en jour.

48. PROCESSION DU SAINT-SACREMENT. — Elle eut
lieu, pour la première fois, le dimanche 6 juillet,
dans notre grande cour, avec la permission de
M^r l'Évêque, qui nous fixa cette époque attardée,
pour laisser le temps aux paroisses de finir les
leurs. Le journal de l'Œuvre ne sait comment
dépeindre son admiration. Lui, ordinairement si
sobre de détails, se laisse aller à un enthousiasme
que vous ne comprendriez plus aujourd'hui où nos
fêtes sont devenues si somptueuses. C'était fort beau
pour l'époque, avec une chapelle si petite, encore
si pauvre, presque sans mobilier. Mais enfin, nous
fîmes tous ce que nous pûmes et les enfants en

furent ravis. Les jeunes gens, divisés en trois caté-
gories, firent eux-mêmes leurs trois reposoirs : les
moyens, devant le magasin des jeux ; les petits, en
face de la porte de la chapelle, là où se trouve
aujourd'hui le garde-meuble ; les grands, devant
la statue de la Sainte - Vierge. Ils étaient tous
fort beaux, dit le journal, mais surtout celui des
grands.

L'école des mousses avait planté treize bigues,
supportant cinquante-trois pavillons ; tous les murs
de clôture étaient tapissés de rideaux.

Les usages marseillais avaient tous été res-
pectés, et un tapage suffisant de tambours et de
trompettes suppléait à la faiblesse du chant.

A sept heures et quart, la procession sortit dans
cet ordre :

Un sergent de ville, père de deux de nos enfants,
en uniforme, pour effrayer la canaille ;

Deux tambours de la ligne et deux sonneurs de
l'Ecole des mousses ;

La croix entre deux acolytes, tous en dalmatiques ;

La bannière en calicot bleu des chevaliers ; nous
n'en avions point de plus belle ;

L'Ecole des mousses avec leurs quartiers-maîtres ;

Un étendard, porté par trois enfants ;

Une fort belle croix, dit le journal, portée par
Clément Berne, décédé depuis. C'est celle qui orne

aujourd'hui la cheminée du salon des grands, qui ne la trouvent plus fort belle.

Un étendard, porté par trois des plus grands. Ces deux étendards nous avaient été prêtés, nous n'en avions point encore.

Les choristes ; derrière eux quatre clairons de la ligne.

Quarante-quatre lévites, exerçant diverses fonctions. Les enfants s'étaient procuré eux-mêmes ces costumes, que des marchands louaient à toutes les processions,

Quatre frères de la rue des Dominicaines', mais pas un seul de notre quartier.

Quatre prêtres en chasubles.

M. le chanoine Giraud-Saint-Rome, supérieur du Petit-Séminaire, officiait.

M. Louis Guiol, assistant ; diacre, M. Cadenel, du Petit-Séminaire; sous-diacre, M. Forcade. M. le Directeur, dit l'historien, *faisait gendarme*, ce qui est très-vrai et s'est continué jusqu'à nos jours ; et oubliant qu'il écrit pour le plus oublieux des âges, il ajoute en grosses lettres : « Le souvenir de cette fête vivra longtemps parmi les jeunes gens. » Ce qui veut dire que cette solennité fit grande impression sur nos enfants, qui commençaient à prendre goût aux choses de l'Œuvre, à cause du rôle toujours plus actif que je leur confiais.

49. LES PRÊTRES AMIS DE L'ŒUVRE. — Le 13 juillet, M. l'abbé Paranque, qui avait été un de nos premiers aides, quand il était encore laïque, vint célébrer dans notre chapelle une de ses premières messes, et fut reçu avec grande joie et grand respect par nos enfants. J'ai dit combien messieurs du clergé nous étaient sympathiques: c'est que j'évitais avec soin tout prétexte de conflit, les invitant souvent à nos fêtes, les recevant avec grande révérence, les mettant à même de voir et de juger par eux-mêmes ce que nous faisions. Il est remarquable que tous ceux qui nous prêtaient un concours plus particulier, sont tous arrivés aux plus hautes positions. Repassez la liste de tous ceux que j'ai cités et citerai encore, vous vous en convaincrez facilement.

50. POLITESSE. — Nous avons toujours tenu à ce que nos enfants fussent bien élevés, et ils l'étaient fort peu dans le commencement de l'Œuvre. Cette grossièreté de manières accompagne ordinairement la grossièreté des mœurs et rend les contacts de la vie bien pénibles. Je voulais bien être le serviteur de l'âme de mes enfants, mais non pas la victime de leur mauvaise éducation. Cependant ce n'était pas leur faute, si leurs familles ou leurs écoles ne les élevaient pas mieux, mais c'eût été la mienne si je ne me fusse pas efforcé d'adoucir leurs mœurs. Le jeudi 31 juillet, je commençais donc un traité de

civilité, qui continua pendant longtemps tous les jeudis. C'est ainsi que notre Œuvre prit peu à peu ce genre de bonne éducation qui la distingue depuis bien des années, mais qui lui manquait alors tout à fait. Puisse-t-elle conserver précieusement cette importante tradition !

51. LES FINANCES. — L'Œuvre de M. Allemand, malgré tous ses engagements, nous avait abandonnés à nos propres ressources et nous n'en avions d'aucun genre, ainsi que je vous l'ai déjà raconté. Je me réduisis donc pour vous, mes chers enfants, au plus dur des métiers, à celui de quêteur. Quelle peine physique et surtout morale! jamais vous ne pourrez vous en rendre compte. Balayer la maison, orner la chapelle, moucher les lampes, garnir les quinquets et le reste; vous faire jouer, vous confesser, vous prêcher, vous soigner dans vos maladies, tout cela je ne le trouvais pas pénible, l'activité de la jeunesse me le rendait facile. Mais quêter du matin au soir, pendant plusieurs mois, plusieurs années de suite ! *O anima, tanti vales!*

Le 1er août, ma liste s'ouvrit par les souscriptions de deux conseillers municipaux, plus tard premiers adjoints et ayant exercé les fonctions de maire, MM. Albrand et Maurandi, dont le nom honorable est resté fort populaire à Marseille. Que Dieu leur en tienne compte dans l'éternité, où ils sont depuis longtemps!

La première fois que je fis ces quêtes, 1849-1850,
121 souscripteurs me donnèrent 2,394 francs.
Le Conseil général, dont mon frère était membre,
m'ayant alloué 400 francs et les petites quêtes de la
chapelle ayant produit 555 francs, j'eus donc un
budget à peu près de 3,500 francs, suffisant pour
l'entretien de l'Œuvre et l'achat du mobilier qui
nous manquait entièrement.

Mais nous étions sans logement et sans ombrage;
cet état ne pouvait se prolonger plus longtemps; il
nous fallait donc des ressources plus abondantes
pour pouvoir capitaliser une somme suffisante pour
commencer sans imprudence les constructions pro-
jetées. La Providence du bon Dieu, qui ne nous a
jamais fait défaut, permit que le chiffre de nos souscripteurs s'élevât, pendant cette année, de 121 à
303, qui nous donnèrent 5,180 francs. Le Conseil
municipal, dans sa séance du 16 mai 1850, nous
avait alloué 1,000 francs par an, qui, joints aux 400
francs du département et à 878 francs de quêtes,
nous donnèrent en tout à peu près 7,500 francs,
beaucoup plus qu'il n'en fallait pour les impositions,
les redevances, l'éclairage, les gages du domestique,
les jeux et les frais du culte. Mais, comme nous
avions d'autres ressources qui ne peuvent figurer
ici, notre grand livre accuse à la fin de cette quatrième année, une recette de 8,285 francs 50 centimes, et un solde en caisse, au 31 octobre 1851, de

4,696 francs 57 centimes. Les rentrées probables de l'année suivante devaient sans doute accroître ce solde créditeur à nouveau (et en effet les sous-criptions produisirent 7,552 francs), ce qui nous permettrait de commencer notre maison. Aucune de ces prévisions ne nous fit défaut et chaque année la Providence a permis que nos ressources se soient accrues en proportion de nos besoins, quoique nos besoins aient été immenses dans ces dernières années. A mon humble avis, il y a là un fait mira-culeux, qu'aucune habileté humaine ne peut expli-quer et qui est la meilleure preuve qu'on puisse donner du rôle providentiel de notre Œuvre dans cette ville t, peut-être, plus au loin.

52. Retraite de 1851. — La retraite du 15 août fut prêchée par le R. P. Jean, du Sacré-Cœur, dans le monde M. Maulbon d'Arbaumont. Elle fut extrêmement nombreuse, parce qu'une école des frè-res nous amena près de cent enfants, ce qui doubla notre chiffre des jeunes gens présents. La chapelle ne pouvait presque pas les contenir, nous étouffions surtout avec les ardeurs des jours caniculaires. Quel bien n'aurions-nous pas pu faire à ces pauvres enfants, si nous avions pu les soigner avec plus de continuité! mais, dès le lendemain, le plus grand nombre ne vint plus, aussi les deux cents enfants du premier jour ne donnèrent-ils que quatre-vingt-

dix-sept communiants le jour de la clôture ; c'était à peu près tous ceux de notre Œuvre ayant fait leur première communion.

En somme, ce fut une des retraites les mieux suivies ; mais déjà, malgré tous mes efforts, nous avions toutes les peines pour faire confesser nos enfants au prédicateur de la retraite. Après toutes nos exhortations, quinze seulement's'adressèrent au R. P. Jean, quoique son extérieur si saint les eût fort impressionnés. Les autres préférèrent conserver leur confesseur ordinaire et rien n'a jamais pu changer cette vieille tradition de la maison.

Il est d'usage, dans notre Œuvre, que les journées de grande piété se terminent, le soir, par quelque fête civile extraordinaire. Le jour de l'Assomption eut lieu le feu de joie habituel et le feu d'artifice, consistant en mille pièces que chacun, à la nuit, allume et fait partir à son gré.

Le dimanche suivant, grand tournois, donné par les chevaliers contre tout venant. Ils étaient armés de lances, de boucliers, de cuirasses et de casques qui les aveuglaient parfaitement, combattant sur une longue poutre horizontale, au-dessus du sol, et cherchant à jeter bas leurs adversaires, aux grands applaudissements des petits et des grands.

53. — Le caractère particulier de cette quatrième année a été le développement sensible de la piété

parmi nos enfants. C'était notre but spécial, parce que la piété est la gardienne assurée de leur foi et de la pureté de leurs mœurs, les deux grands besoins de leur vie. Tous nos efforts s'y portaient et nos enfants suivaient notre impulsion avec une merveilleuse docilité.

Nous commencions à avoir quelques grands de dix-huit à vingt ans; nous tâchâmes de leur inspirer plus d'esprit d'initiative. Le parfait directeur est celui qui, dirigeant toute chose, évite cependant de les faire par lui-même. Rien ne passionne les jeunes gens et ne les attache à leur Œuvre comme d'y jouer un rôle personnel. Une fête organisée par tous est toujours la plus belle des fêtes. Peu de spectateurs et beaucoup d'acteurs, c'est la perfection.

V.

Cinquième année, 1851-1852.

Depuis deux ans, un de nos jeunes gens écrivait tous les jours, l'histoire des événements quotidiens. Victor Bouisson, accablé d'infirmités, s'absentait souvent; c'est un autre qui le fera désormais et pendant plusieurs années de suite. Au style un peu froid d'un employé de bureau, succèdera parfois le genre épique; qu'on en juge par le début.

54. LE QUATRIÈME ANNIVERSAIRE. —' « La veille de

« la Toussaint présageait déjà la fête de ce jour. La
« chapelle était magnifiquement ornée et les sacris-
« tains y avaient employé toute l'adresse dont ils
« étaient pourvus. Le saint lieu était rempli de
« jeunes gens qui se préparaient pour se confesser.
« Le lendemain, quatrième anniversaire de la fon-
« dation de l'Œuvre, les enfants étaient nombreux
« et la joie brillait sur tous les visages. L'organiste
« jouait de ces jolis morceaux qui portent l'âme
« à louer le Seigneur. Quatre-vingt-treize se sont
« approchés de la sainte table. Nous étions cent
« soixante présents. » Nos fêtes, on le voit, commençaient à être fort belles, surtout par cet entrain
qui leur donne tant de solennité.

55. LA PRÉSENTATION. — Après la messe, devant
le Saint-Sacrement exposé, eut lieu le renouvellement annuel des vœux du baptême pour les congréganistes. Désormais cette fête devient une des plus
populaires de l'Œuvre. Elle le sera bien plus, quand
elle clôturera la retraite annuelle, si mal placée au
15 août.

Après la messe, déjeuner pour les quatre dignitaires et les six conseillers. Les choristes venaient
ensuite manger les restes du déjeuner « afin de leur
« fortifier la voix », dit le journal. On décide
d'acheter une ancre en argent pour l'offrir à la
Sainte-Vierge, le jour de l'Immaculée Conception.

56. Noel 1851. — « Qu'il était beau, dit l'his-
« torien de quinze ans, de voir quatre-vingt-six
« enfants rendre à Dieu leurs hommages pendant
« cette belle nuit, et parmi eux soixante s'appro-
« cher de la sainte table ! Oh ! que ce spectacle est
« différent de celui que donne le monde ! Ici une
« joie bien pure et tranquille, dans le monde une
« joie bruyante et agitée ; et avec quel empresse-
« ment le cœur d'un chrétien se porte alors aux
« doux épanchements de la bonté de Dieu, plutôt
« qu'aux joies charnelles et mondaines. » Remarquez que, dès cette cinquième année, nous étions
presque aussi nombreux à la nuit de Noël que de
nos jours. En certaines circonstances, nous l'étions
même davantage. Aussi le 2 février 1852, quoique
l'office commençât, ce dimanche, une heure et demie
plus tôt qu'à l'ordinaire, « je ne sais si la lueur pré-
« maturée du cierge leur a fait penser la nuit à leur
« heure dernière, toujours est-il qu'à une heure si
« matinale les cierges, quoique très-nombreux, ont
« manqué aux derniers. Ce que voyant, on les a
« enlevés à ces petits qui aiment mieux acheter
« deux berlingots le dimanche, que de mettre un
« sou à la quête, et on les a distribués aux plus
« grands. »

57. La Quinquagésime, 22 février. — Après une
journée bien pieuse, passée devant le T.-S. Sacre-

ment, grande représentation de Polichinelle, dans le hangar. D'excellents acteurs nous y amusèrent pendant toute la soirée, malgré un affreux mistral qui soulevait des nuages de poussière et éteignait les lampes. Il y avait, parmi les spectateurs, un petit frère, aussi bossu que Polichinelle et qui riait..... comme un bossu. Ce fut l'arrêt de mort de ce pauvre hangar. Il nous avait rendu de grands services, mais il ne tenait plus sur ses jambes. Le 24 mars, les maçons le détruisirent, ce fut un grand contentement pour les enfants d'y contribuer.

58. LE CANAL DE LA DURANCE. — Au mois de mars 1852, l'eau du Canal arriva à l'Œuvre, grand événement que vous n'appréciez plus à distance, aucun de vous ne pouvant se figurer les souffrances que nous endurions, surtout pendant l'été. Songez que, depuis vingt siècles, vos ancêtres n'avaient pour se désaltérer que des puits profonds et de rares sources, souvent à sec, quand elles étaient le plus nécessaires.

59. LA SAINT-JOSEPH. — Ce n'était encore qu'une petite fête de dévotion, célébrée par un petit nombre et sans éclat. Qui le croirait, en voyant la pompe de nos jours? Ce jour-là, nous signons avec les propriétaires nominaux de notre local, une

convention qui nous loue cet immeuble pour quatorze ans, à condition que les constructions que nous allons faire, sur un plan approuvé et signé, et qui s'élevèrent à 25,000 francs, demeureront leur propriété à la fin du bail. C'était une grande folie à moi, de signer des conditions si draconiennes. Je vous ai déjà dit, dans un chapitre précédent, ce qui me détermina. Dès le 2 avril, nous posâmes la première pierre de la grande maison, occupée depuis 1856 par l'école communale. En même temps, nous construisîmes une sacristie assez spacieuse à la suite de notre chapelle. Elle fait aujourd'hui partie d'une de nos classes.

. 60. La Pentecôte. — La première communion eut lieu à l'ordinaire. Il y avait quatorze de nos enfants et douze mousses. Le lendemain, ils furent confirmés avec quelques retardataires, vingt-neuf en tout. C'est peut-être la seule fois où tous les premiers communiants furent confirmés sans exception. Tous les ans, quand cette cérémonie est retardée, quelques-uns manquent à l'appel. M⁕ de Mazenod passa toute la matinée avec nous, s'entretenant avec nos jeunes gens, assistant aux manœuvres des chevaliers, que le rédacteur du journal proclame déchus de leur ancienne splendeur, parce qu'il n'en faisait plus partie. Ce qui ravit surtout notre Évêque, ce fut le nombre des communiants.

Vingt-six enfants et quatre-vingt-dix jeunes gens s'étaient approchés la veille de la sainte-table, tous sans exception le firent encore le lendemain, ce qui faisait deux cent trente-trois communions en deux jours. Aussi avions-nous passé tout le jour de la Pentecôte en retraite. Les dimanches ordinaires, en revanche, les communions étaient encore bien peu nombreuses.

61. LES PROCESSIONS DE LA VILLE. — Le journal raconte les efforts que nous faisions déjà, pour empêcher les enfants d'aller voir passer la procession générale. Notre expérience confirmait celle de M. Allemand. Autant nous serions heureux de voir nos jeunes gens remplir avec dévotion et piété cet acte de religion, autant nous redoutons la dissipation et le manque de foi de ces assistants qui vont là comme à un spectacle profane ; et comme ces processions duraient deux semaines, pendant ce temps plus de confession, plus de communions, des absences innombrables ; c'était, tous les ans, le commencement de la débâcle de l'été. Plus tard, quand notre fête du Sacré-Cœur a pris la solennité qui lui convenait, ces désastres ont été moins sensibles.

16. LES FUMEURS. — Au 16 juillet, je retrouve dans le journal une ordonnance dictatoriale sur un

vieux péché, mais qui prouve bien l'excellent tempérament qu'avait déjà notre Œuvre, capable d'accepter de pareilles lois et de les observer..... plus ou moins fidèlement. Remarquez qu'on était alors assez jeune dans l'Œuvre, et le petit nombre des grands donnait l'exemple d'une obéissance parfaite. Puissiez-vous rougir en voyant combien vous êtes peut-être déchus, sur ce point, de votre ferveur première ! « Après la messe, M. le directeur « a donné un avis très-important : c'est la défense « expresse de fumer sans sa permission, hors de « l'Œuvre. Tout enfant qui sera vu la cigarette à la « bouche, sera exclu de l'Œuvre. Ceci est clair et « l'arrêt sera exécuté sans miséricorde. Que les « enfants qui ont cette détestable habitude profitent « de cet avis, et ils verront, tôt ou tard, que si on « leur défend de fumer, c'est pour leur plus grand « bien. »

63. Retraite annuelle. — M. Vignolo, mort depuis curé de Saint-Philippe, nous prêche la grande retraite du mois d'août, à laquelle assistent un très-grand nombre d'enfants de l'école communale, dite du Chapitre. Aussi y a-t-il cent cinquante communions à la clôture, le plus fort chiffre que nous ayons jamais eu jusque-là.

Un fâcheux accident vient nous attrister, mais fâcheux seulement pour la bourse, la ferveur de la retraite ne pouvait s'en ressentir. Nous avions fait un joli petit bassin dans la cour, il y en a encore les restes dans le garde-meuble ; la statue de la Sainte-Vierge le surmontait ; on devait le bénir solennellement le jour de l'Assomption. Des vases et des fleurs en ornaient le contour, l'eau coulait depuis trois jours pour le remplir. Mais voilà qu'en arrivant à l'Œuvre le matin, le bassin avait disparu ; la statue en pierre de la Sainte-Vierge était seule demeurée sur son piédestal. Mal construit, sans doute, ou trop fraîchement terminé pour recevoir l'eau, il s'était effondré sous le poids, à une grande profondeur, ne laissant presque pas de vestiges. Le désespoir passé, nous le fîmes reconstruire sur pilotis et, pendant longtemps, il nous a servi de baignoire, tout en l'utilisant pour arroser les platanes, plantés à la fin de 1852.

64. Inauguration de la nouvelle maison. — Le dimanche, 12 septembre, nous inaugurâmes notre grande salle et les trois beaux salons du premier. Cinq mois avaient suffi pour tout terminer. Les enfants en furent enthousiasmés, à en juger par l'historien : « La salle des petits est très-jolie, la « bibliothèque encore plus, mais celle des grands « est magnifique, tout est peint à fresque et nous « aurons bientôt de jolis rideaux. » N'allez pas croire que ces fresques fussent de Michel-Ange ou

de Raphaël : c'était un simple badigeon à la chaux de couleur verte. Désormais, nous avions un abri pour les soirées d'hiver et pour les jours de mauvais temps. Nous avions beaucoup souffert, pendant ces cinq années, et cependant l'Œuvre n'en était pas moins devenue nombreuse et fervente, comme pour bien prouver que le local, par où on commence presque toujours, ne fait pas plus une œuvre que l'habit ne fait le moine. Nous avions donné, tout d'abord, notre unique salle au bon Dieu en en faisant une chapelle, nous avions réuni et formé nos enfants de notre mieux, leur gîte n'était venu que cinq ans après.

65. HABITATION DU DIRECTEUR A L'ŒUVRE. — Le 29 septembre, j'abandonnais ma petite maison du cours Devilliers, 42, et vins demeurer dans la vieille petite maison de l'Œuvre avec ma mère qui voulut me suivre. Il y avait dans ce déménagement des avantages inappréciables : grande facilité pour mes enfants de me trouver à toute heure, bien moins de fatigue pour moi, économie d'un loyer ; j'avais à ma disposition les deux bonnes de ma mère, ce qui était bien utile pour les soins de la maison et l'entretien du linge ; mais, surtout, j'entrevoyais la facilité de me donner quelques aides dans la personne de quelques congréganistes décidés, paraissait-il, à venir loger avec moi. Le second

étage avait été divisé en cellules, dans cette prévi-
sion encore bien éloignée.

66. LE PRINCE BONAPARTE A MARSEILLE, dimanche 26 septembre 1852. — Écoutez les plaintives
doléances du jeune journaliste ; on aurait pu le lapi-
der pour ces gémissements alors si peu de mode ;
mais depuis..... Je le copie mot pour mot dans
son désespoir élégiaque, que les événements ont
rendu si prophétique. « Jour de dissipation que
« tu es venu mal à propos ! n'y avait-il pas assez de
« quinze mortelles journées de foire, sans venir
« ajouter à cela la pompe mondaine qui s'est déve-
« loppée à nos yeux ? O démon ! tu ne manques pas
« de prétextes, ni d'occasions pour exercer ton em-
« pire sur les jeunes gens ; car après tout, qui est la
« cause de tous les désordres de ce jour ? un homme
« que..... a élevé sur le trône. Mais laissons ces
« tristes pensées et dirigeons-nous vers l'Œuvre où
« dès le matin une grande multitude de jeunes gens
« s'étaient rendus. Il en manquait très-peu et nous
« avons eu vingt-deux communions ; c'est autant
« de ravi au démon. Dans la journée, permission
« générale de sortir, après la messe et après les
« vêpres. »
J'ai tout copié, y compris les points. Les anciens,
qui ont conservé le souvenir des événements contemporains, auront reconnu la première visite de

Louis-Napoléon Bonaparte à Marseille, avant son coup d'Etat. On lui fit une réception splendide, et le directeur de l'Œuvre, plus débonnaire que l'historien, ne voulut pas priver ses enfants de la vue de toutes ces pompes. Dix-neuf ans après, presque jour pour jour, Dieu prenait sa revanche à Sedan.

67. BÉNÉDICTION DE LA NOUVELLE MAISON. — M. Brunello, directeur de l'Œuvre de la rue Saint-Savournin, officie aux premières vépres de la Toussaint ; puis, l'Œuvre étant formée en procession, il bénit le bassin reconstruit sur de plus larges proportions et la maison neuve, parcourant tous les étages et tous les appartements. Le journal se fait l'écho de tous, quand il résume avec emphase, mais avec vérité, les événements de l'année. « Réfléchissons « un moment sur tout ce qui peut nous intéresser « pendant cette année. Nous avons eu 1990 commu- « nions, chiffre que nous n'avions pas atteint les « années précédentes. Que de grâces, que de faveurs « ont été déversées sur l'Œuvre ! Nous avons eu une « multitude d'enfants nouveaux, très-peu de congré- « ganistes sont sortis, vu que la retraite du mois « d'août en a fait rentrer un assez grand nombre. « Nous avons eu des exemples admirables de toutes « les vertus ; enfin des événements presque prodi- « gieux dans l'augmentation spirituelle et tempo- « relle de l'Œuvre. »

Vous le voyez, l'Œuvre avait fixé ses usages, pris son esprit, augmenté en nombre et en ferveur. Les années suivantes, au milieu de mille péripéties, devaient développer ces germes. Plusieurs de nos enfants ont grandi, ils sont devenus des hommes; et quand ils nous reviendront trente ans après, ils trouveront l'Œuvre plus brillante, sans doute, mais telle cependant qu'elle a été à ses débuts.

CHAPITRE VII

DE L'ESPRIT DE NOTRE ŒUVRE

Nos autem non spiritum hujus mundi
accepimus, sed spiritum qui ex Deo est
ut sciamus quæ à Deo donata sunt
nobis.   (I Cor. II. — 12).

CHAQUE Institut se conduit, pense, agit d'une manière qui lui est propre et qu'on appelle *son esprit*. Cette manière d'être spéciale le distingue des autres associations, sans le séparer cependant du grand tout de l'Eglise, foyer commun de tous ces *esprits* particuliers. Cette différence d'*esprit* naît des besoins différents des chrétiens, de leurs situations respectives, variant selon le temps, les lieux, les positions, les influences du siècle. Les hommes ont tous la même fin : connaître Dieu et son fils unique, Jésus-Christ, qu'il a envoyé (Joan. XVII. 3); mais ils atteignent cette fin par des moyens différents. De là, cette immense variété d'ordres religieux, de congrégations, d'associations de toutes sortes qui ont peuplé l'Eglise et qui la

peupleront jusqu'à la consommation des temps.
L'*esprit* de toutes ces réunions est toujours l'esprit
de Jésus-Christ, car hors de lui il n'y a point de vie
possible; mais N.-S. tout seul ayant réuni dans sa
personne divine la plénitude de toutes les qualités,
on appelle l'*esprit* d'une maison la portion de ses
vertus qu'elle cherche à imiter d'une manière particulière. C'est en sens inverse, mais dans le même
ordre d'idées, qu'on dit l'esprit du monde, l'esprit
du démon, en parlant des vices qui dominent dans
le monde, ou de ceux que le démon cherche à inspirer.

Les personnes qui n'ont pas étudié le cœur
humain se scandalisent de cette différence d'*esprit*
entre gens de religion. Elles voudraient que ces
esprits fussent tous semblables, c'est-à-dire, peut-
être, comme le leur. Elles ne comprennent pas
qu'on puisse agir ou penser autrement qu'elles dans
leur congrégation, sans considérer que cette merveilleuse variété de caractères, tous différents par
un côté, mais tous semblables par un autre à Celui
qui les a créés à son image, est une des plus admirables preuves de la toute-puissante fécondité de
Dieu. Bien plus, cette variété de moyens dans
l'unité de but est un des plus grands leviers de
l'Eglise par le zèle et l'émulation que cela entretient
entre gens du même état. Si tous avaient la même
manière de faire, il ne resterait point de place pour

10

la sanctification de ceux qui auraient besoin de soins spéciaux, puis les œuvres se confondraient l'une dans l'autre. Elles ont déjà des points communs qui leur nuisent ; que deviendraient-elles, si elles se ressemblaient absolument? A une certaine époque, nous nous trouvâmes quatre Œuvres semblables dans un rayon de dix minutes. Nous eussions succombé tous à la fois si la différence d'esprit ne nous eût laissé notre personnalité. D'ailleurs cette similitude absolue est contraire aux lois de la nature qui n'a pas créé deux visages, deux gouttes d'eau qui se ressemblent. Le jour où, par impossible, on serait tout à fait comme un autre, on ne serait plus soi-même, on serait lui. De là, cette conclusion, que les petits esprits seuls craignent la concurrence, tandis que les bons esprits la demandent, comme un moyen de mieux faire pour tout le monde. De là, nécessité pour nous d'avoir un *esprit* propre qui soit notre manière d'être, notre forme particulière, sans laquelle nous ne saurions exister. De là, enfin, pour vous, mes chers enfants, la nécessité de conserver intact cet esprit de votre maison, sous peine de ne plus être vous-mêmes, mais de vous confondre avec d'autres établissements aux allures plus mondaines que religieuses; ou même avec d'autres œuvres excellentes, meilleures même, Dieu seul le sait, mais qui ne sont pas celles à laquelle vous avez eu la grâce d'êtres appelés.

L'*esprit* d'une maison, qu'on le remarque bien, ne se forme pas subitement; le fondateur l'eût-il tout d'un coup et comme par infusion, il faut encore du temps pour le faire accepter à toute une jeune population. Cet esprit vient ordinairement avec le temps; il se forme par la réunion de plusieurs personnes chez lesquelles les mêmes goûts, les mêmes pensées dominent, et plus souvent encore, si le directeur sait bien ce qu'il veut, l'esprit se fait sur son propre esprit, influencé lui-même par toutes ces volontés avec lesquelles il vit et qu'on peut plus facilement diriger que dominer. J'ai connu des Œuvres où les enfants ne criaient jamais parce que le directeur avait le tympan délicat; d'autres où on pouvait boire et fumer, parce que les principaux avaient cette habitude. Les fondateurs lymphatiques donnent à leurs Œuvres un *esprit* paisible ; les sanguins leur donnent un *esprit* de vie, mais sans profondeur; les gens graves leur donnent un aspect solennel, et les saints, mais les saints tout seuls, leur donnent le véritable esprit de J.-C., sans lequel une Œuvre n'aura ni consistance ni solidité.

J'avouerai simplement que je n'avais aucun *esprit* arrêté quand je commençai l'Œuvre, au mois de mars 1846; je n'y pensais même pas. Une seule idée me dominait; c'est qu'ayant eu le bonheur d'être élevé très-chrétiennement dans les meilleures

maisons d'éducation qui existaient alors, Fribourg
et Saint-Sulpice, j'avais le plus ardent désir de vous
rendre ce que j'avais reçu de la bonté de Dieu. Pendant dix-neuf mois, je vous l'ai raconté, nous avions
erré sur les promenades publiques et cette instabilité
avait nui à la formation de notre esprit. Un local
n'est pas une Œuvre, mais il en est la forme extérieure, il aide au *bon esprit* des enfants.

Le 1ᵉʳ novembre 1847, quand l'Œuvre s'établit
définitivement à la rue d'Oran, n° 13, la présence
des aides que m'avait donnés la congrégation de la
rue Saint-Savournin importa tout d'une pièce, parmi nous, l'esprit de M. Allemand, je veux dire les
usages de son Œuvre, ses maximes, ses pratiques,
ses vertus de prédilection. J'ai dit, dans un autre
ouvrage, tout le profit que je trouvai dans nos
débuts, à m'astreindre servilement à cet esprit, et
je reviendrai, un peu plus loin, sur ce sujet si important; mais je dois dire ici les inconvénients très-
graves qu'il y avait de se revêtir, dès lors et sans
nuances, de l'esprit d'une autre Œuvre, afin de mieux
vous faire comprendre les causes qui amenèrent,
nécessairement, tant de modifications successives
dans cet esprit.

Le premier inconvénient, c'est que notre Œuvre
n'était pas celle de M. Allemand, la population en
était toute différente. Un seul de nos enfants avait
quinze ans, les plus âgés après lui en avaient de

douze à quatorze, la plupart de dix à douze
ans. La nouvelle *Vie de M. Allemand* prouve
bien que ce n'était pas à des enfants de cet âge
qu'il prodiguait ses solides enseignements. Il
fallait bien des années pour que notre Œuvre
arrivât au niveau de la sienne; car, à côté de
l'âge des enfants, il y avait l'âge de l'Œuvre elle-
même. Aujourd'hui que ce noyau fervent, objet de
toute la sollicitude du saint prêtre, s'est formé parmi
nous, l'Œuvre ressemble bien davantage à celle de
M. Allemand. Puis le siècle n'était plus le même,
les idées étaient toutes différentes. Je me représente
ce saint fondateur ayant toujours devant les yeux
l'affreuse catastrophe de 93 et, plus encore, les causes qui l'avaient produite. Nous avions, nous autres,
1848 et 1851, avec le socialisme qui nous débor-
dait, dans l'Œuvre même, écho des bruits et des
opinions de la rue. J'ai connu des jeunes gens,
aujourd'hui notre consolation, par leurs bons principes et leur sincère piété, que le socialisme avait
enivrés, dans ces moments de folie. Ces époques ne
se ressemblaient pas plus que nous ne ressemblons
à nos pères, nous qui avons vécu avec les vieillards
à culottes courtes et catogans, qu'on appelait les
vieux de l'ancien régime. Enfin, il faut bien distin-
guer entre le fond, l'essence d'un esprit et sa forme
accidentelle. Est-il bien sûr que le pur esprit de
M. Allemand se fût exactement conservé sous ses

deux successeurs, de caractère et de genre si différents, l'un n'ayant jamais vu M. Allemand, l'autre étant fort jeune à sa mort? Et sous une forme demeurée trop invariable, n'y a-t-il point eu de changement dans le fond? Le saint prêtre, lui-même, s'il eût vécu, n'eût-il pas suivi son siècle, non pour prendre son esprit, mais pour le combattre avec d'autres armes mieux appropriées à ces nouveaux combats? Un exemple entre mille : il défendait dans son Œuvre la lecture des journaux et des nouvelles politiques; eût-il agi de même en face du suffrage universel, au moment des épreuves de l'Eglise, alors que la mauvaise presse déborde dans le monde? Enfant de l'ancien régime, comment pouvait-il souffrir qu'on discutât cet admirable principe qu'on appelait le Roi? Enfant de notre siècle, portion intégrante de ce qu'on appelle le peuple souverain, eût-il eu les mêmes idées? L'esprit de M. Allemand, c'est l'esprit de l'Evangile appliqué avec un tact et une prudence admirables à la direction des jeunes gens; c'est le grand art de les pousser à toute la perfection possible; doctrine admise en théorie par tout le monde, mais communément rejetée, en pratique, comme incompatible avec leur âge. C'est cette erreur capitale que nous avons combattue de vive voix et par écrit, dans l'Œuvre et au dehors, appuyés sur l'autorité du saint prêtre qui avait reçu de Dieu une si grande grâce pour la conduite de la

jeunesse. Mais pour cette forme servilement imitée
dans les débuts, nous nous en sommes successivement dépouillés, selon les circonstances, comme
M. Allemand l'eût fait lui-même s'il eût vécu à
notre époque. Et puis, pourquoi ne pas chercher à
mieux faire sur quelques points toujours perfecti-
bles, alors qu'il était impossible d'aussi bien faire que
lui sur tant d'autres? J'avais besoin de vous donner
ces explications, mes chers enfants, pour vous faire
bien comprendre comment nous avons pu hériter
du véritable esprit de M. Allemand, quoique sous
une forme en apparence un peu différente. Cet héritage nous est infiniment précieux, nous devons le
conserver intact. Comme lui, nous sommes prêtres
de Jésus-Christ, chargés de soigner la partie la plus
noble de votre être, votre âme. Comme M. Allemand,
nous mettons ce titre de prêtre au-dessus de tous
les autres, parce que c'est le plus sublime de tous,
parce que c'est celui qui nous permet de vous
faire le plus de bien. Comme chez lui, nous jouons
et nous prions; aucune maxime de notre Œuvre
qu'il pût désavouer, aucuns de nos usages qui ne
soient bons; nous avons des traditions qui dans
peu d'années seront presque aussi anciennes que les
siennes; que pourrions-nous désirer encore, si ce
n'est plus de cette piété, de cette ferveur que
M. Allemand obtenait d'un plus grand nombre,
parce qu'il était saint.

J'ai donc voulu fixer dans cet écrit les vertus fondamentales qui ont formé l'esprit de notre maison, afin de vous montrer, comme dans un tableau, ce que nous ne cessons de vous enseigner depuis si longtemps. Si par la bénédiction de Dieu, vous vous perfectionnez un jour davantage dans l'esprit de votre congrégation, ou si par malheur vous dégénériez de cet esprit, que la lecture de ces pages vous fasse bénir Dieu de vos progrès ou renouvelle vos résolutions d'y revenir. Pardonnez-moi donc quelque longueur dans un sujet si important.

L'Esprit que M. Allemand a légué à notre Œuvre, par l'intermédiaire de ses meilleurs disciples, est un esprit d'humilité, d'obéissance et de zèle. Je ne sache pas que jamais personne ait osé comme lui, prêcher ces admirables vertus avec tant de franchise, de sincérité, de conviction, à la portion du troupeau de l'Eglise, qui semblait la moins faite pour le recevoir, et surtout, je ne sache pas que personne l'ait fait avec un pareil succès. Ce n'est pas qu'il ait également réussi avec tous. Ce serait bien peu connaître et les hommes et les Œuvres, que supposer la possibilité d'un pareil succès. N.-S. n'a pas voulu l'accorder à sa sainte humanité elle-même, puisque, de son vivant, il a moins converti de monde que ses apôtres. Mais le saint prêtre, avec la grâce de Dieu, a obtenu un triple résultat : 1° quelques-uns de ces jeunes gens sont parvenus à une très-haute perfection ; qu'ils aient été aussi peu nombreux qu'on voudra, ce n'en est pas moins un admirable résultat, suffisant pour faire de nos œuvres des maisons de bénédiction, puisqu'on peut facilement y devenir des saints à un âge, dans un siècle, et dans des positions si difficiles ; 2° M. Allemand a fait plus : il a enseigné la vie chrétienne à un très-grand nombre, qui n'ont pas tous persévéré, il est vrai, mais qui pour la plupart sont revenus à Dieu à différentes époques de leur carrière, il a peuplé la ville d'excellents prêtres, de bons pères de famille, qui ont gardé la foi autour d'eux, de jeunes gens qui sont restés chrétiens, en dépit d'immenses égarements momentanés ou qui se sont du moins convertis, au dernier moment, grâce à leur solide éducation chrétienne ; enfin, 3° surtout, il est parvenu à implanter cet esprit dans son Œuvre, et par la force de son énergique volonté, il en a fait comme un moule où tout le monde a dû passer, ce qui explique la merveilleuse durée de cette Œuvre après tant d'incessantes perturbations intestines. Il y aurait matière à des considérations de la plus haute portée sociale, dans l'étude de cet *esprit* de M. Allemand, se posant fièrement en face de son siècle, et sans aucun des moyens de la sagesse humaine, *non in persuasilibus humanæ sapientiæ verbis* ; prêchant Jésus-Christ,

comme les apôtres, *Christum prædicamus*, et quel
Jésus-Christ ? Celui qui devrait le plus rebuter la
nature des enfants : Jésus-Christ humble, obéissant,
mortifié, crucifié, *et hunc crucifixum ;* et prêchant
à qui ? A tout ce qu'il y a de plus léger, de plus
inconsidéré, de plus fou en ce monde; ou bien à
tout ce qu'il y a de plus fier, de plus orgueilleux de
ses petits dons naissants, *judœis scandalum, grœcis
stultitiam.* (I cor. 1, 23).

Aussi, c'est de tout notre cœur, je puis le dire,
que nous avons cherché à vous donner cet *esprit*
de M. Allemand, véritable esprit de N.-S. J.-C., le
seul qui puisse servir de solide fondement pour
l'avenir. Dans une œuvre éphémère, il faut, comme
autrefois en face des gentils, couvrir avec des roses
la croix qu'on ne saurait considérer dans toute son
horreur ; mais dans une œuvre qui doit durer, il
faut creuser des fondations, d'autant plus profondes
que la maison doit s'élever plus haut; et si nous
avions eu le bonheur d'être semblables au saint
prêtre, vous le reconnaîtriez aujourd'hui à la hauteur et à la solidité de l'édifice.

Les difficultés cependant étaient plus grandes
pour nous que pour le saint fondateur. Notre siècle
était plus mauvais; au lieu de commencer, comme
lui, à une époque d'apaisement, nous arrivions au
moment d'une révolution nouvelle. Les obstacles
extérieurs, les persécutions de toutes sortes, nous

ont poursuivis pendant trente-trois ans; presque tous
les moyens de recrutement, si faciles à l'Œuvre de
M. Allemand, nous ont été enlevés, par l'inconcevable ineptie de quelques hommes; les soins matériels et financiers inconnus au saint prêtre nous
ont constamment absorbés; et malgré ces difficultés,
malgré les inspirations de l'amour-propre qui nous
eussent demandé un esprit plus personnel, malgré
les conseils opposés que nous recevions de tous
côtés sur le danger de jeter deux Œuvres différentes dans un même moule, j'acceptai aveu-
glément cet *esprit* que je ne savais alors pas
même comprendre ; tout notre succès est venu
de là. Pourriez-vous ne pas le conserver intact ,
vous, les meilleurs de notre maison? C'est un dépôt
qui vous a été confié et dont vous rendrez compte au
jour du jugement, non pas seulement pour la perte
ou le gain qu'il vous aura procuré à vous-mêmes,
mais plus encore pour les conséquences que cela
aurait pour l'existence de l'Œuvre. Ne vous laissez
donc pas aller au découragement, à ces bouffées de
mauvais *esprit* que le démon souffle quelquefois
sur vous; quand votre directeur vous dit qu'une
chose ne doit pas être, quelle nuit au bon esprit de
la maison, hâtez-vous d'effacer cette tache que vous
n'aviez peut-être pas vue tout d'abord, mais qui
doit vous faire horreur, quelque peu importante
qu'elle paraisse, parce qu'elle souille la beauté de

cette maison de Dieu et peut perdre les âmes qu'elle renferme

I.

L'Esprit *de notre Œuvre est un esprit d'humilité.* — Je ne veux pas faire ici un traité de l'humilité chrétienne; j'en parle seulement au point de vue de votre vie de congréganistes dans l'Œuvre. Une foule d'ouvrages que nous plaçons constamment entre vos mains vous enseignent les pratiques de cette vertu pour vous-mêmes.

1° Notre Œuvre doit rester cachée autant que possible ; pendant plusieurs années, nous avons été inconnus de tous dans cette ville ; jamais nous n'avions figuré à aucune cérémonie extérieure; presque personne, si ce n'est nos supérieurs, ne savait même notre existence. En 1849, quand je me vis si promptement abandonné à mes propres ressources, force fut bien d'aller sonner aux portes pour demander la charité, de faire imprimer quelques petits *prospectus* pour dire ce que nous voulions ; mais l'esprit caché de notre Œuvre n'en souffrit certes pas, j'en prends à témoins les sueurs que me coûtaient la rédaction de ces *prospectus* où je devais rendre compte d'un bien qui n'existait pas encore ; j'en prends à témoins surtout les nombreuses humiliations que doit essuyer celui qui va tendre la

main pour implorer la charité. Plus tard, l'autorité
ecclésiastique, sans l'exiger cependant, demanda
notre présence à quelques solennités religieuses.
Nous obéîmes, mais avec des répugnances qui prou-
vaient bien plus le désir d'être agréables à nos supérieurs que le désir de paraître avec éclat en public.
M. Allemand cédait toujours dans ces très rares occasions, et après plus de trente années d'interruption, son Œuvre a recommencé à paraître encore
quelquefois dans ces mêmes circonstances.

Plus tard encore, il est vrai, la Providence se
servit de nous pour répandre hors de Marseille cet
esprit de M. Allemand, que personne ne connaissait.
Qu'on m'en a blamé à cette époque ! que d'efforts
pour empêcher l'impression, puis la vente de notre
Méthode de Direction des Œuvres de Jeunesse,
comme si j'avais révélé un procédé protégé par un
brevet d'invention. Le bien immense qu'a produit
dans toute la France cette divulgation sera notre
justification et nous consacrerons un chapitre pour
raconter ses heureux effets.

Que ces deux exceptions à notre esprit fonda-
mental ne vous servent jamais de prétexte pour
perdre cette humilité sauvegarde de notre Œuvre.
Ce sont des exceptions, elles doivent confirmer
la règle. Ne cherchez à être connus que de Dieu, et
si, par la force des choses, votre Œuvre doit jamais
paraître au dehors, qu'on la devine par la seule

odeur de ses vertus et jamais par ces moyens
extérieurs qui attirent l'attention. Ce point serait
bien plus important encore si les événements
qui se suivent sans se ressembler vous laissaient
un jour les principaux gardiens de cet esprit de
M. Allemand.

2° Si l'Œuvre, comme corps collectif, doit demeurer cachée, ses membres ne doivent pas se produire
davantage. Le règlement leur défend la fréquentation
des lieux publics, comme théâtres, bals, cafés, promenades, et en général tous les lieux qui ne sont
pas l'Œuvre, le *travail* ou la *maison*. Nous avons
toujours été très sévères sur cet article et cependant
nous nous reprochons souvent de ne l'être point
assez. En effet, la faute que commet un congréganiste dans un lieu public peut ne pas être grande en
elle-même, mais le mal qu'il fait à l'Œuvre est considérable; il détruit son *esprit* et lui-même ne tarde
pas ordinairement à tomber bientôt dans le péché
mortel. Quand l'Œuvre ne vous suffit plus, c'est
que votre cœur a d'autres affections. J'en appelle à
votre propre expérience : sont-ils les meilleurs ceux
qui fréquentent les lieux défendus par le règlement?
Et si vous trouvez injuste, quelquefois, qu'on vous
en refuse la permission, ne faut-il pas, pour être
juste, la donner à tout le monde? Et que deviendrait
cette Œuvre si ses membres ne savaient plus trouver
de plaisir que dans les endroits les plus dangereux

de Marseille? Votre jugement naturel suffit pour répondre à toutes ces questions; quand vous refusez de le faire, c'est que la nature avec ses mauvais penchants commence à vous dominer.

3° Dans la conviction où nous sommes que le bien de vos âmes en dépend, nous poussons si loin le scrupule sur cet article, que nous défendons à nos congréganistes de faire partie d'aucune autre réunion, même religieuse, comme le défendait M. Allemand. Il y a dans toutes les grandes villes, et dans la nôtre surtout, des hommes qui ont essentiellement la piété extérieure, la piété du dehors, celle qui paraît, qui se manifeste, qui fait du bruit et de l'éclat. Ne demandez pas à ces gens l'humilité, la mortification, les vertus chrétiennes, ils ne sauraient les comprendre, tout est dans l'extérieur. Toujours les premiers aux processions, aux enterrements, aux adorations perpétuelles, même de nuit, ils se font recevoir de toutes les confréries, portent toutes les bannières, tous les écussons; on les rencontre à tous les deuils, à toutes les cérémonies, ce sont toujours les mêmes partout. Je ne voudrais pas blâmer le zèle de ces *Pélicans*, comme les appellait M. Allemand, je n'ai jamais bien su pourquoi, ils remplissent une certaine place dans l'Eglise de Dieu, et il n'y a que ceux de leur intelligence qui puissent la remplir comme il faut; mais ce genre doit être éloigné de notre maison. Elle offre aux jeunes gens tous les moyens possibles de sanctification ; les fêtes y sont nombreuses ; qu'aller chercher au dehors, si ce n'est l'orgueil, le désir de paraître, de voir, d'être vu, de se dissiper surtout et de perdre sur une surface infinie le peu de ferveur qu'on a péniblement amassée ? Cet *esprit* nous paraît si important, que, pour le maintenir, nous n'avons pas craint de blesser quelquefois nos meilleurs confrères, ceux mêmes qui nous étaient le plus dévoués, lorsqu'ils voulaient notre concours dans leurs cérémonies religieuses. Quand nous avons cédé, ce qui a été fort rare, nous nous en sommes toujours repenti. Pour un peu d'édification publique, bien vite oubliée, notre Œuvre eût éprouvé les inconvénients les plus tristes et les plus durables. Qu'on songe, par exemple, qu'il y a plus de cent processions par an dans Marseille, et qu'une des causes qui ont le plus nui à l'établissement de notre succursale de la Viste, c'est que pendant les cinq mois d'été il y a tous les dimanches une procession dans une des paroisses voisines. Du reste, si toutes ces considérations, fondées sur la vieille expérience de trente-six années de M. Allemand et de nos trente-trois années ne pouvaient suffire, un dernier mot pourra vous aider à repousser ce triste penchant vers les choses purement extérieures. N'est-il pas vrai que ce sont les moins pieux et les moins intelligents de votre Œuvre qui ont ce genre de dévotion ? Ne l'avez-vous pas remarqué bien des

fois? Prenez donc la ferme résolution d'éviter cette
piété du dehors qui, lorsqu'elle est seule, sert souvent
de voile aux plus tristes penchants. Le monde, ici,
pense comme nous, et son horreur de la piété vient
le plus souvent de ce qu'il confond cette piété extérieure, qui s'allie à tant de désordres, avec cette
piété du cœur que Dieu seul peut bien voir et que
vous devez exclusivement chérir, précisément parce
que Dieu seul la voit.

4° Vous comprendrez mieux maintenant combien nous détestons la toilette. Elle n'est pas seulement, chez plusieurs, un péché de vanité, dans
notre pays surtout où elle règne en souveraine, elle
devient trop souvent un péché d'injustice manifeste.
Combien de gens dévorent toutes leurs ressources
et celles de leurs familles en beaux vêtements,
surtout dans la classe ouvrière ! Que de fois n'avons-
nous pas dû fournir du pain à des enfants vêtus
comme des marquis ! A quoi bon insister, tandis que
la raison s'accorde ici avec la foi ? Vous entendez,
comme nous, les plaintes incessantes qui s'élèvent
de toute part, sur le luxe effréné de nos jours. Dans
notre Œuvre, grâces à Dieu, les plus pieux bril-
lent par la simplicité de leurs vêtements, et je dois
ajouter que ce sont presque toujours les plus riches.
Plusieurs congréganistes se plaisent à faire durer
leurs habillements au-delà des limites ordinaires,
mais font en retour, tous les ans à leur église, des

cadeaux qui suffiraient à les vêtir eux-mêmes con-
fortablement. Ils éprouvent plus de bonheur à revêtir le corps mystique de N.-S. avec leurs économies,
qu'à parer leur propre corps. Pareillement nous
n'aimons pas les formes excentriques dans les vêtements, les coupes irréprochables ; le ridicule s'attache dans notre Œuvre à toutes ces marques de
sotte et puérile vanité. Les tailleurs peuvent nous
en vouloir, pas trop du reste, car les plus simples
sont ceux qui payent le mieux ; mais les parents
nous bénissent, cet amour de la simplicité valant
pour eux une fortune. Nous ne proscrivons pas
les bijoux, mais nos grands savent que nous les
aimons peu, et à quoi serviraient-ils dans une
Œuvre où les admirateurs manquent complètement ? Quel bonheur que cet esprit ait pu s'implanter parmi nous ! Combien peu demeureraient à
l'Œuvre, si l'esprit dominant obligeait à tant de
dépenses pour la tenue! Les plus sots, les plus fats
domineraient, et ces excellents jeunes gens, moins
riches, quoique très-bons, devraient déserter une
Œuvre au-dessus du genre et des moyens de leurs
familles. Au lieu de cela, ce sont les meilleurs, presque les plus riches, ai-je dit, qui donnent le pli.
Chacun se trouve à son aise, dans une maison où
la simplicité seule est ainsi appréciée. Cependant
nous tenons énormément à la propreté, le dimanche
surtout, par esprit de religion. La propreté dispense

du luxe sans exclure l'humilité, tandis que le luxe se passe souvent de propreté et toujours de simplicité.

Enfin, 5° l'*esprit* de notre Œuvre défend encore l'amour de la vie sensuelle, une des plus grandes plaies de notre siècle. Nous avouons avec simplicité que cette idolâtrie du corps est le plus grand des obstacles que nous avons rencontrés dans la direction de cette maison, surtout dans ces dernières années. A Marseille, on n'est pas ivrogne, parce que dans les pays de production on boit peu de vin ou on le supporte mieux. Mais beaucoup sont buveurs et mangeurs de bonnes choses. Pour l'ouvrier, qui a beaucoup travaillé, la nourriture et la boisson qui réconfortent sont d'impérieuses nécessités. Mais cette nourriture est en général commune dans les ménages ; quelle satisfaction quand on peut en sortir ! Avec quels transports d'enthousiasme n'entendons-nous pas quelquefois nos jeunes gens faire la description de ce qu'ils ont mangé ou de ce qu'ils mangeraient volontiers? Il faudrait en rire, s'il n'y avait pas trois graves raisons d'en pleurer : 1° les sensuels sacrifient tout à leur ventre ; impossible de les pousser à la perfection, ils vendraient leur âme pour un morceau de viande ou un canon de vin ; 2° leur cœur s'abrutit, on ne peut plus rien faire pour Dieu, et leur intelligence, concentrée dans les choses matérielles, ne peut plus en sortir ;

3° mais surtout la chasteté est impossible à ces buveurs, à ces mangeurs, à ces dormeurs qui ne savent se priver de rien. La vertu demande une grande force de résistance, comment résistera celui qui ne sait se priver de rien? Grâces à Dieu, un excellent noyau lutte dans l'Œuvre contre ce courant trop violent, et l'esprit de notre maison ne sera complet qu'à mesure que l'influence de ces adorateurs de leur bien-être aura été complètement neutralisée. Et c'est une des choses qui m'ont dégoûté de ces petits festins que j'étais heureux d'offrir si souvent à mes plus grands au commencement de l'Œuvre. La table était honteusement prise d'assaut, les bouteilles disparaissaient en un clin d'œil, le désappointement sur tous les visages quand il n'y avait plus rien à dévorer. Puis la digestion n'était pas encore faite que ces gloutons ne venaient déjà plus à l'Œuvre. *Filios enutrivi*, disait le Prophète, *ipsi vero despexerunt me*. (Isaïe. I. 2).

II

L'obéissance est le moyen le plus facile de faire son salut, *vir obediens loquetur victorias*. Cette maxime du Saint-Esprit est pour tous les hommes, mais bien plus encore pour les jeunes gens. La bonne direction d'une maison d'éducation, la sanctification des âmes , dépendent de l'obéissance des jeunes gens.

M. Allemand avait d'abord été seul dans son Œuvre, ce n'est que peu à peu qu'il avait pu se façonner des aides pour la direction matérielle et extérieure de sa maison. Nous-mêmes, qui nous étions adressés à des enfants bien plus jeunes , nous n'avons eu, pendant de plus longues années, aucun secours. Les deux membres de l'Œuvre de M. Allemand, qui nous aidaient, ne venaient le soir que fort tard ; pendant longtemps, nos associations avaient été peu nombreuses et leurs membres fort jeunes et fort inexpérimentés. Comment surveiller un si grand nombre d'enfants indisciplinés, habitués au régime des rues, aux gâteries des parents ou à l'esprit des écoles ? L'obéissance seule pouvait les plier sous la main du directeur. Ces motifs ont suffi pour placer l'amour de l'obéissance à côté de l'amour de la vie cachée.

Mais que dire, mes chers enfants, du besoin que vous avez tous d'obéir pour le bien de vos âmes, vous si jeunes encore, si inexpérimentés des choses de votre intérieur ? Les vieillards eux-mêmes ont besoin de cette direction pour leur conduite privée, et vous pourriez vous en passer, vous dont les cœurs sont encore si peu formés ? Qui peut dire les embûches qui vous environnent, les dangers que vous ne cessez de courir, les pièges que vous tendent le démon

et le monde, les orages que soulèvent vos passions?
Et vous pourriez naviguer sans crainte au milieu de
tant d'écueils? Vos directeurs vous jugent avec plus
de calme, parce qu'ils ne ressentent pas les passions
qui vous agitent; ils ont plus d'expérience, puisqu'ils ont vieilli au milieu de vous; ils vous voient
et vous connaissent, comme vous ne pouvez le faire
vous-mêmes; mais surtout ils ont reçu de Dieu une
grâce particulière pour vous conduire; ils ont la
grâce du sacrement de l'Ordre, véritable paternité
spirituelle qui les fait vos amis, vos guides, vos
pères, je ne dis pas assez, vos véritables mères. Ils
ne vivent que pour vous, ne veulent que votre bien,
n'ont pas d'autre ambition dans ce monde. Qui
vous conduira mieux dans le chemin de la vie? Qui
y est plus intéressé? Vous trouverez beaucoup de
maîtres, vous dit saint Paul, mais bien peu de
pères, si ce n'est ceux qui vous ont engendrés en
J.-C.; *nam si decem millia pœdagogorum habea-*
tis in Christo sed non multos patres, nam in
Christo Jesu per evangelium ego vos genui.
(1 Cor. IV. 15).

Cette obéissance, vous devez l'avoir dans tous les
actes de votre vie, c'est ce que nous ne cessons de
vous prêcher; mais voici plus particulièrement
comment vous devez la pratiquer dans l'Œuvre.

1° Obéissance aux pasteurs de l'Église, c'est la
première de toutes. Oh! mes chers enfants, par-

donnez-moi de vous le dire, comme je suis fier de vous, quand je vous compare, après trente-trois ans, à ce que vous étiez aux débuts de l'Œuvre ! Qui d'entre vous connaissait alors le Pape ? Fûtes-vous consternés, en 1848, quand il fut chassé de Rome, comme si on vous eût atteints dans vos plus chères affections ? C'est qu'alors vous étiez jeunes et que jamais vous n'aviez entendu parler de l'Eglise, comme on vous en parle aujourd'hui. Tels sont les temps de tranquillité, ils nous font oublier les choses les plus sérieuses de notre foi ; tout cela nous revient dans les temps de commotion, parce que nous en apprécions alors l'importance. Je n'ai plus qu'un souhait à former : c'est que dans votre amour pour la Sainte Eglise, vous soyez toujours ce que vous êtes, que vos successeurs vous ressemblent ; qu'à toujours le Pape soit aimé, vénéré dans cette sainte maison comme il l'est dans ce moment. Notre Seigneur, roi de ce monde visible, a son trône dans la Sainte-Eucharistie où il réside pour recevoir vos hommages ; mais pour gouverner ce monde visible, il s'est comme incarné dans son Vicaire, d'où ce double esprit de notre Œuvre, qui se manifeste par un culte solennel envers la Sainte-Eucharistie et par un dévouement si absolu envers le Souverain Pontife.

Après le Pape, vous devez obéissance à celui qui tient sa place auprès de vous, à l'Evêque qui gouverne ce diocèse. Dans les débuts de l'Œuvre, cette obéissance a été peu méritoire de votre part; Mgr de Mazenod avait toujours été pour nous un si bon père! mais n'oubliez jamais que si celui qui vous aimait tant a pu mourir, l'Evêque, lui, ne meurt jamais. Votre obéissance serait incomplète si elle s'arrêtait à la personne sans remonter au principe; ce serait un sentiment honnête, sans doute, mais trop naturel pour être vraiment catholique.

2° Comme M. Allemand, nous avons banni la politique de notre maison et plus que lui, peut-être, nous avons eu besoin de le faire. Sept fois déjà, le Gouvernement a changé depuis que nous existons. Nous avons vu Louis-Philippe, la République, la Présidence temporaire, la Présidence décennale, l'Empire, la République de plusieurs nuances, le Septennat, que verrons-nous encore? Dieu le sait. Au milieu de tant d'instabilités, les plus robustes convictions finissent par devenir indifférentes, et quelque triste que soit ce sentiment, peut-être est-il devenu le seul raisonnable dans notre position. Nous nous contentons de prêcher l'obéissance aux gouvernements de fait, comme on la prêchait aux premiers chrétiens, jusqu'à faire un cas d'exclusion de toute participation quelconque à quoi que ce soit contre le Gouvernement établi. Souvent nous avons été sollicités dans tous les sens, en particulier à toutes les élections, sans qu'une seule fois nous ayons voulu vous influencer dans aucun sens, même en faveur de ceux qui étaient personnellement nos meilleurs amis, ou qui auraient pu reconnaître ce service en nous faisant le plus de bien. Dieu a béni cette prudence; nous avons pu traverser sans danger les années si orageuses qui se sont succédé. Ce n'est pas que nous vous ayons jamais enseigné l'indifférence pratique, mais nous éloignons jusqu'à l'ombre d'une préoccupation politique dans la maison, bien sûrs que votre conscience suffit pour vous conduire dans le droit chemin. De cette manière, avec des opinions peut-être différentes, vous vivez tous côte à côte, sans vous en douter, sans discussions, sans tiraillements, et les plus jeunes peuvent impunément sortir dans leurs jeux tous les drapeaux de toutes les époques, sans que l'œil de personne s'offense de voir le pavillon piémontais flotter à côté du drapeau jaune et blanc du Saint-Père, ou le tricolore à côté du rouge et du blanc. Bien peu savent ce que ces couleurs représentent, il leur suffit d'en avoir trouvé l'étoffe à leurs maisons; ce sont leurs seules préoccupations politiques.

3° C'est dans la vie de l'Œuvre que cette obéissance se pratique avec encore plus de perfection. On obéit aux directeurs, cela va sans dire, et cette obéissance est tellement dans vos usages et dans vos mœurs, que, dans l'espace de trente-trois

ans, sur plus de huit mille jeunes gens de tout âge,
de toute condition, de tout caractère et de toute
éducation, à peine puis-je me souvenir de deux qui
m'aient manqué de respect et encore avaient-ils
deux excellentes raisons pour le faire : ils étaient
prodigieusement grossiers et je leur avais fait beaucoup de bien. Dès les premiers jours de l'Œuvre,
cette obéissance s'est implantée comme sans efforts;
seulement, elle avait alors un grave défaut, et j'ai besoin de vous le dire, afin que vous jugiez mieux du
chemin que vous avez parcouru, elle était purement
extérieure, sans aucun sentiment d'affection. J'avais
la douleur de vous aimer de toutes mes forces, de
vous le prouver à chaque instant, sans aucune réciprocité de votre part. D'où venait cette erreur de
vos cœurs ? L'Œuvre de M. Allemand venait de traverser une redoutable crise, il y avait seulement
trois ans. La conclusion, vraie peut-être dans ces
circonstances, mais fausse dans un autre milieu,
c'est qu'il fallait n'aimer que Dieu seul, n'agir que
pour Dieu seul, sans s'arrêter à la personne du
directeur. Voilà, mes chers enfants, ce qu'on ne cessait de vous enseigner dans les termes les plus expli-
cites. Cependant vous étiez jeunes, vos cœurs
avaient besoin d'être formés. L'amour honnête,
l'affection, c'est le plus beau des sentiments que
Dieu ait mis dans notre âme ; c'est par l'amour des
choses visibles que notre pauvre nature s'élève

comme par degrés à l'amour des choses invisibles.
D'ailleurs était-il juste de faire de vous des platoni-
ciens, alors que vous eussiez dû ressentir la plus
vive reconnaissance pour la création d'une si belle
Œuvre? Vous tenir en garde contre les prêtres,
dans un siècle comme le nôtre, en vérité c'était
crier au feu au milieu du déluge. Ah! que j'en ai
souffert pendant sept ans, au moins; je ne pouvais
me plaindre, je ne pouvais que sentir vivement et
attendre que la Providence mît dans vos cœurs ces
affections si honorables, sans lesquelles vous demeu-
riez incomplets. En 1853, le 19 mars, jour de ma
fête, pour la première fois l'Œuvre m'offrit ses
vœux. Personne n'y avait pensé jusque-là. Une
jolie exposition pour le Saint-Sacrement qui sert
encore pour les fêtes de première classe, ouvrage
d'un congréganiste dont nous pleurons encore la
mort, fut le cadeau de toute l'Œuvre. Une fois l'impulsion donnée, ce mouvement ne cessa de grandir,
à mesure que l'Œuvre grandissait, et c'est avec un
vif bonheur que je le raconte plus en détail dans le
chapitre des chroniques. Cette affection mutuelle
rattache les anciens à l'Œuvre, la direction en devient plus douce et plus facile, l'obéissance est plus
aisée pour tout le monde; les moindres désirs du
directeur sont des ordres, et dans une maison qui
compte toujours plus de trois cents personnes de
tout âge, jusqu'à trente et trente-cinq ans, un pré-

tre suffit au gouvernement, aidé par les plus anciens
de ses enfants, alors qu'il faudrait un état-major
de plus de dix surveillants gagés, dans une maison
ordinaire.

4° Cependant l'obéissance va encore plus loin
dans la pratique de nos enfants. C'est une maxime,
dans l'Œuvre, qui a force de loi, qu'on doit obéir
à chacun de ses frères dans l'exercice de ses fonctions, mieux encore en quelque sorte qu'au directeur lui-même. Qu'on mette un enfant de dix ans
à un poste, avec défense de laisser passer, pas un
grand n'oserait enfreindre cette consigne, chacun
s'en fait une sorte de gloire, précisément parce
qu'il serait plus facile de la violer. Tous les ans, le
jour de la Toussaint, on donne les nouvelles charges. A peine sont-elles installées que tout le monde
les entoure de toutes les formes extérieures du
respect. Les quatre dignitaires entendent leur nom
toujours précédé du titre honorifique de *Monsieur* ;
leurs meilleurs camarades, les amis les plus intimes,
leur disent *vous*. Et, chose étonnante, quoique nous
tenions infiniment à tout ce qui peut apprendre aux
enfants à se respecter entre eux, que nos idées soient
aux antipodes d'autres Œuvres sous ce rapport,
cependant ce n'est pas nous qui avons établi ces
usages, ce sont les jeunes gens eux-mêmes. Les plus
jeunes disent *vous* et *Monsieur* à tous les plus
grands, ils se découvrent en leur parlant. Tout cela

donne à l'Œuvre un ton de bonne éducation, de bonne tenue, de respect qui aide à la pratique de l'obéissance. Les étrangers en sont d'autant plus enchantés qu'on s'attendrait à ces formes plutôt dans l'Œuvre des muscadins, comme les appelait M. Allemand, que dans celle des jeunes ouvriers qui ont une si grande réputation de grossièreté hors de Marseille.

5° Le dimanche après l'office, le supérieur de l'Œuvre distribue les fonctions entre les meilleurs et les plus zélés, sans que personne fasse la moindre observation sur ses choix. L'un garde la porte pour qu'on ne puisse ni entrer ni sortir sans permission ; un autre distribue les déjeuners et les goûters ; un autre les jeux ; celui-ci garde la clef des lieux ; celui-là, l'été, préside aux bains. Les plus robustes ou les plus agiles mettent les jeux en train, pendant que les plus anciens et les mieux formés causent avec ceux dont ils sont comme les bons anges. Personne ne refuserait ces fonctions, personne ne désobéit à ceux qui les remplissent ; c'est passé dans les usages, dans l'esprit, dans la manière d'être de l'Œuvre. Quelquefois, parmi les plus jeunes, les plus nouveaux, les plus fous, surtout de quinze à dix-sept ans, il y a des têtes vertes qui désobéissent comme elles désobéiraient à toutes les autorités de ce monde, mais presque jamais cela ne va à la désobéissance formelle et soutenue, toute l'Œuvre prendrait fait et cause contre le délinquant.

C'est à la chapelle surtout que cette obéissance est admirable. Le matin, le directeur dit la sainte messe, il ne peut donc surveiller pendant ce temps ; le soir, il n'a que le moment des vêpres pour réciter un peu d'office et cependant rien ne peut faire comprendre, si on ne l'a vu de ses yeux, la bonne tenue de nos enfants se surveillant eux-mêmes. Si l'un d'eux cause, s'endort ou se permet seulement de sourire, ses voisins l'avertissent immédiatement, ou, s'ils sont complices, les grands qui sont par derrière ne manquent pas de rétablir l'ordre, avant que personne ait pu s'en apercevoir. Dans les soirées d'hiver, quand les salons sont ouverts, il y a cinq grands qui gardent les cinq salons, où la discipline est bien plus difficile qu'à la cour. Ce sont donc au moins douze postes que le supérieur doit faire garder, et qu'il faut renouveler au moins toutes les heures, surtout pour empêcher ceux qui font jouer aux jeux de courses de se fatiguer jusqu'à épuisement. Tel est l'esprit d'obéissance de l'Œuvre, que nous ne connaissons aucun grand qui refuse ces fonctions quand on les lui confie, et comme souvent il leur faut des aides, on leur donne des enfants de treize à quinze ans, qui s'exercent ainsi de bonne heure à remplir un jour ce petit ministère de dévouement. Cette méthode entretient l'ordre, la vie et l'obéissance dans l'Œuvre; plaise à Dieu que cet esprit ne change jamais.

6ᵉ Quelque bonnes que soient ces habitudes d'obéissance, prises dès l'âge de dix ans pour durer jusqu'au moment où on sort de l'Œuvre pour se fixer dans le monde, il y a cependant de fervents congréganistes qui entretiennent ce feu sacré par la perfection plus grande qu'ils apportent dans la pratique de cette vertu. Les uns n'entreprendraient rien d'un peu important sans consulter leur directeur ; plusieurs n'achèteraient aucun vêtement neuf sans permission; d'autres, en entrant dans l'Œuvre, se mettent à la disposition de celui qui préside, sans attendre qu'on les emploie, ce qui leur enlève jusqu'au plus petit usage de leur liberté ; d'autres, enfin, ne font rien sans demander la permission, pas même boire, déjeuner ou goûter. Je ne puis entrer dans tous les détails, mais que de bénédictions ces usages n'attirent-ils pas sur vous ! Toute la semaine vous êtes au travail, avec des préoccupations matérielles peu faites pour élever votre cœur; le dimanche, c'est comme un jour de retraite, un jour où votre âme se refait au souffle du bon Dieu se manifestant par ces usages établis sous son inspiration. Que je suis heureux de pouvoir vous rendre ce témoignage : l'obéissance règne en maîtresse dans l'Œuvre depuis sa fondation. Soyez toujours les fils de cette obéissance, elle gardera votre vie jusqu'au port, elle soutiendra vos plus jeunes frères à peine entrés dans le voyage de la vie, elle fera toujours fleurir cette

Œuvre, au contraire perdue le jour où l'esprit d'in-
subordination s'y introduirait. Surtout, mes chers
enfants, n'en faites pas une question de personne. Il
est tout naturel qu'après tant d'années, des liens
d'affection profonde se soient établis entre nous.
Cependant, quand la mort ou toute autre cause impossible à prévoir, changera la direction de cette
maison, prouvez à celui qui vous gouvernera que
c'est à Dieu que vous avez toujours prétendu obéir,
à ceux qui le représentent et non pas à un seul en
particulier. C'est ainsi qu'accomplissant le précepte
de l'Apôtre, *rationabile obsequium vestrum*, vous
serez toujours dignes de vous-mêmes et de ceux qui
vous ont élevés.

III.

Dans quelques maisons d'éducation, le zèle est
exercé sur les élèves par les élèves eux-mêmes.
Malheureusement ce n'est pas dans toutes, et même,
dans celles qui employent cette méthode, que d'im-
perfections dans la manière de s'y prendre ! Voilà
peut-être le chef-d'œuvre de M. Allemand, ce qu'il
y a de plus remarquable dans sa manière de faire,
ce qui lui appartient presque exclusivement.

Non contents d'enseigner publiquement nos enfants par les instructions du dimanche, nous en
voyons encore la meilleure partie dans les associa-

tions. Nous leur parlons encore en tête à tête dans
la confession et dans ces petits entretiens intimes
qu'on appelle la direction; enfin, plusieurs sont heureux et nous font à nous-même un très grand plaisir
quand ils passent avec nous les loisirs que leur laisse
le travail. Malgré cela, plusieurs nous échappent tout
à fait : les uns ne peuvent rien comprendre aux sermons du dimanche, ils ne viennent jamais aux lectures et aux gloses des jours ouvriers; d'autres n'ont
jamais appartenu à aucune association, ils se con-
fessent hors de l'Œuvre; en un mot, il y en a qui se
soustraient tout à fait à notre influence et ce sont
précisément ceux qui en ont le plus grand besoin.
Comment donc les atteindre? Par leurs meilleurs
camarades ; et c'est la première manière dont le zèle
s'exerce dans notre maison. Le directeur en est toujours l'âme, il en est la source et la vie, il en est le
moteur, il en est la forme catholique, le prêtre seul
ayant grâce pour conduire les âmes dans les voies
intimes de la vie chrétienne. Mais le directeur ne
peut être partout, il ne peut tout voir. Quand il a
confessé une centaine de jeunes gens tous les dimanches, et c'est la ration ordinaire de notre Œuvre,
quand il a célébré les saints mystères, officié aux
vêpres, prêché, présidé quelque association, il a sura-
bondamment rempli la tâche que lui imposa l'Église
au jour de son ordination, *sacerdotem oportet
præesse, prædicare, consecrare.* Il arrive au bout

de ses forces, il s'est ordinairement usé avant l'âge, sans pouvoir cependant se rendre ce témoignage qu'il a également bien soigné tous ses enfants. Il fallait donc, en conservant une seule tête dans l'Œuvre, multiplier les bras, et ce fut l'art admirable de M. Allemand. Pour le faire mieux comprendre, il faudrait raconter le beau rôle des associations qui sont les principaux foyers du zèle dans l'Œuvre, et leur consacrer un chapitre spécial. Contentons-nous de vous rappeler ici comment le zèle s'exerce dans cette maison; nous fixerons ainsi ces traditions, si solidement établies par les années précédentes, afin qu'un jour, ce qu'à Dieu ne plaise, si l'Œuvre venait à déchoir de sa ferveur, vous puissiez la ressusciter en relisant de quelle manière on s'y conduisait pendant les trente-trois premières années de son établissement.

Avant tout, nous avons travaillé à former autour de nous un noyau de jeunes gens bien zélés. Peu nous importait le nombre; n'y en eût-il eu que trois ou quatre tels que nous les comprenons, cela suffit pleinement à la direction d'une Œuvre considérable, et grâces à Dieu, nous en avons toujours plus d'une vingtaine. Les trois qualités requises pour que le zèle soit parfait sont, en premier lieu, une piété sincère, une vie bien chrétienne, bien pieuse, tendant à la perfection. *Medice cura te ipsum* (Luc, IV, 23). Un jeune homme qui n'aurait pas ces qualités n'attirerait pas les bénédictions de Dieu sur son ministère, il enseignerait aux autres ce qu'il ne sait pas lui-même, quelque fût son talent naturel, sa facilité d'élocution, il serait tout à fait stérile. La piété seule ne suffit pas, nous dit saint Paul, il faut en second lieu une certaine intelligence de notre Œuvre, tout au moins une intelligence pratique, *pietas cum sufficientiâ*. On peut être très pieux par tempérament, par une grâce spéciale de Dieu et cependant n'être bon à rien, comme le sont en général les tempéraments mous, lymphatiques, les esprits étroits, sans portée, ou qui ne saisissent que le mauvais côté des choses, les cœurs froids, sans affection, incapables de comprendre les beautés du dévouement, du sacrifice de soi-même, autrement que pour de l'argent ou pour tout autre intérêt matériel; enfin les jeunes gens buveurs, mangeurs dont la tête et le cœur enfermés dans leur ventre ne pouvant aimer, sentir, comprendre que ce qui remplit l'estomac, ne connaissent d'autre jouissance que celle d'une laborieuse digestion.

Ce qui nous conduit à la troisième qualité distinctive du zèle, qui est l'abnégation, l'oubli, le sacrifice entier de soi-même. C'est la qualité par excellence, le zèle est impossible sans cela. Nul ne peut servir deux maîtres, celui qui s'adore ne peut se vouer au salut des autres, le monde entier commençant et finissant avec lui. La plupart des jeunes gens ne peuvent comprendre cette doctrine; leur nature, leur éducation, leur genre de vie, les exemples qu'ils ont sous les yeux répugnent à ces efforts. Mais d'autres, et ce sont les plus riches natures, les plus belles intelligences, les plus nobles cœurs, comprennent la beauté de ce don de soi-même et nous en donnent les exemples les plus admirables et les plus soutenus. Voici une faible esquisse de la manière dont le zèle s'exerce dans notre Œuvre ; vous tous qui en êtes les témoins de tous les jours, puissiez-vous en apprendre la théorie en en voyant sans cesse la pratique !

1° Les jeunes gens zélés arrivent le dimanche de bonne heure, de peur de perdre, par leur faute, la plus petite partie des grâces que Dieu leur réserve ce jour-là. Tandis que les congréganistes plus indifférents, se lèvent tard, employent un temps considérable à leur toilette, calculent toutes les minutes pour arriver au dernier moment, quand on va fermer les portes ; les autres, venus de bonne heure, se préparent à la sainte communion, en sanctifiant leur bouche et leur langue par le chant de l'office divin. Ce partage entre les congréganistes bons et indifférents, qui se remarque en toutes circonstances, commence ainsi dès le début de la journée. Pendant ce temps, les directeurs peuvent confesser, sans dérangement, jusqu'à la messe ; l'un les remplace en présidant à l'office, un autre garde le contrôle de

la porte, un autre empêche les enfants de causer à
la porte de l'église, un autre leur fournit des livres
de messe. Le zèle ponctuel, exact, obéissant de ces
bons congréganistes maintient dans l'Œuvre cet
admirable esprit d'ordre et de régularité qui la distingue au plus haut degré. Dans notre maison, il
y a place pour tous les dévouements, les jeunes gens
égoïstes ou sans intelligence restent seuls en dehors.
A peine les enfants sortent-ils de la chapelle, que
les fonctions deviennent plus nombreuses. Faire
jouer trois cents enfants de tout âge, n'est pas chose
facile ; et cependant il faut que tout le monde
s'amuse, parce que l'ennui engendrerait mille abus.
Les grands, quand ils sont fervents, sont assez
occupés par toutes les fonctions du zèle; mais ceux
qui sont plus égoïstes, plus mous, qui ont peur du
froid ou du chaud, de la fatigue ou de l'ennui,
quelle peine pour les occuper, pour empêcher les
conversations incessantes! D'autres, comme de jeunes fous, mettent le désordre dans les jeux, brisent
tout, dérangent tout ; d'autres, grossiers ou orgueilleux, ne veulent recevoir aucune observation de
personne. Que dire des inconstants qui changent de
jeux à chaque instant ; de ceux qui sont maussades,
taquins, tricheurs colères, batailleurs? Rien ne
peut rendre l'héroïque patience de ces bons jeunes
gens chargés de maintenir la vie. l'entrain, la discipline dans vingt jeux différents, sans jamais

permettre que la charité et surtout la modestie reçoivent la moindre atteinte. Il y a là une multiplicité de détails inconcevable. Que de fois quand nous vous contemplons, chers enfants, des larmes d'attendrissement coulent de nos yeux. Oh! que vos bons anges, que les anges de vos camarades doivent vous regarder avec des regards d'amour, de reconnaissance, je dirai presque de sainte jalousie! Vous remplissez leurs fonctions auprès de leurs enfants, comme l'ange Raphaël sous la figure d'Ananias. Que de labeurs dans ce ministère si obscur qui n'est vu que de Dieu! On parle du dévouement de ceux qui sacrifient une partie de leur fortune pour Dieu, qui la leur avait donnée : c'est fort beau sans doute; mais que dire d'un jeune homme qui travaille toute la semaine, souvent douze heures par jour, et qui au lieu d'un peu de repos le dimanche, se lève au contraire plus matin qu'à l'ordinaire, arrivant quelquefois de quartiers éloignés de plus d'une heure de marche? En entrant, ce sont les chants de l'église qui vont les occuper, ces chants si pénibles par leur longueur surtout à certaines époques de l'année, bien plus pénibles à notre Œuvre où il faut entraîner et soutenir les enfants. A peine sort-on de l'église, que, pendant huit heures, il faut faire jouer et surveiller à la cour et dans nos cinq salles. La journée est-elle enfin finie pour tout le monde, elle ne l'est pas encore pour les congréganistes fervents ; il faut accompagner les enfants jusque chez eux, les occuper en route par des conversations intéressantes, ne les laisser qu'à la porte de leur maison. La nuit interrompt à peine ces labeurs ; car, dès le lendemain, il faut aller chez les parents de ceux qui ont manqué la veille, s'informer des motifs de leurs absences, les empêcher pour le dimanche suivant. Voilà une faible esquisse des travaux du dimanche et quand il y a deux fêtes chômées dans la semaine, vraiment ce travail dépasse les forces de la nature. Vous comprenez, vous autres, ces détails parce que vous les voyez tous les jours dans leur réalité, mais tout autre que vous ne le comprendrait pas. Ce qu'il y a encore de plus laborieux dans cette existence, c'est la surexcitation, l'entrain continuel qu'elle demande ; et ce sera toujours à recommencer, jusqu'à ce que Dieu vous rende au centuple ce que vous aurez usé de vie pour son amour.

Pendant plusieurs années, nous fûmes si pauvres, que nous ne pouvions payer des domestiques pour le travail matériel de la maison. Pourtant, ce travail était indispensable, nous ne pouvions souffrir ce désordre et cette malpropreté que les enfants le dimanche laissent après eux. L'ordre a toujours été, comme la ponctualité, un des caractères distinctifs de notre Œuvre. Les jeunes gens zélés suffirent longtemps à ces soins. Tous les dimanches soir ceux qui n'accompagnaient pas les bandes balayaient la maison ; ils n'ont cessé que lorsque l'Œuvre, devenue plus considérable, a eu une balayeuse en titre et plus tard les frères de notre communauté. Les soins les plus rebutants étaient recherchés comme un privilége ; ainsi, par exemple, ceux qui étudiaient pour devenir prêtres étaient spécialement chargés de la propreté des lieux d'aisance, parce que les récréations après les classes leur en laissaient le loisir. Heureux temps où les fonctions les plus pénibles étaient disputées comme des faveurs ! Les congréganistes, qui avaient quelque temps à eux, mettaient les jeux en ordre ; grosse affaire que de séparer tous les lundis cinquante jeux de dominos, de dames, de cartes, mêlés avec un art dont les enfants seuls sont capables. D'autres raccommodaient les jeux brisés, cousaient les balles, peignaient les coulisses, clouaient les cerceaux et les tambours et préparaient les fêtes du dimanche suivant. C'est ainsi qu'avec des ressources tout à fait insigni-fiantes, le Directeur pouvait tenir à tout, il lui suffisait de donner l'impulsion. Et quand je dis que les plus fervents rendaient tous ces services, je ne veux pas dire qu'ils fussent seuls à le faire ; il y a dans l'Œuvre ce qu'on appellerait les cadres d'une armée. L'exemple de cet excellent noyau de jeunes gens dévoués qui forme la partie stable, sur laquelle on peut toujours compter, déteint sur tous les

autres, et si on excepte certaines natures trop inertes
ou par trop grossières pour recevoir le moindre
mouvement, tous plus ou moins participent à ce
zèle, à cette vie d'activité pour le bien de la maison.
De cette manière, tout le monde est occupé le di-
·manche et de là ce double fruit du zèle à la fois
actif et passif, je veux dire produisant la propre
sanctification de ceux qui se prodiguent pour la
sanctification des autres. Aussi, quand le zèle se
retire du cœur d'un jeune homme, ne tarde-t-il pas
à se perdre promptement. La nature a horreur du
vide ; si rien de bon ne remplit l'imagination et le
cœur, quelque chose de mauvais ne tardera pas à
venir. L'expérience nous apprend la gradation de
cette maladie, car *nemo repentè fit summus*. Ce
jeune homme jadis si exact, qui nous faisait lever
avant l'heure craignant toujours d'être en retard,
arrive au milieu de l'office ; bientôt il viendra à la
fin ; peu après il manquera la messe. Il commu-
niait fréquemment, ses communions deviennent
moins réglées, il manque même la messe de l'Œuvre, les rares jours où il s'était enfin décidé à
communier. D'autres fois, on le voit le matin à la
Sainte-Table, le soir dans les lieux publics. Plus
d'adoration, hâte prodigieuse de sortir le plus tôt
possible de l'Œuvre ; il n'y trouve plus d'occupations à son gré, il remplit si mal celles qu'on lui
confie qu'on cesse de s'adresser à lui. En revanche,

il a toutes sortes d'affaires au dehors. Les cafés, même les cafés chantants, les jeux publics de billard et de boules, le théâtre à l'heure des vêpres, voilà sa nouvelle vie du dimanche, en attendant que l'ennui, le désœuvrement, les mauvais camarades l'entraînent dans d'autres lieux. Aussi sa toilette de l'Œuvre ne lui suffit plus, on s'aperçoit des embellissements qu'apporte chaque semaine. Riche autrefois avec cinq ou six sous par dimanche, il ne peut plus passer sa journée avec moins de deux ou trois francs. Quels changements dans son existence ! Nous ne parlons que de la période de dérangement, de celle où il vient encore à l'Œuvre. Que sera-ce quand il sera tout à fait dévoyé, le plus souvent, il faut bien le dire, par la complicité très-involontaire, mais cependant trop certaine de ses ignorants parents, qui permettent tout, pourvu que cela ne conduise pas aux galères ?

Voilà comment finissent tous ceux que nous ne pouvons remplir de zèle ; voilà au contraire l'admirable vie de ceux qui, par pur dévouement, se consacrent au service de leurs frères. Pourriez-vous hésiter, mes chers enfants, dans le choix de l'esprit qui doit vous animer ? Et cependant ce zèle que j'appellerai matériel n'est que la forme du zèle, ce n'est pas encore le zèle véritable, ce n'en est pas le fond.

2° Le vrai zèle, c'est l'amour de vos propres âmes,

amour qui fait tout braver, tout franchir pour les porter à Dieu.

Vos âmes ! Qui donc a jamais pensé que vous eussiez une âme à sauver ? Vos maîtres d'école ? Sans doute plus que personne ils avaient ce devoir. Je ne vous ai jamais suivi dans vos écoles ; mais, s'il faut en croire vos confidences, on s'occupait beaucoup plus du soin de meubler vos intelligences de connaissances utiles ou agréables que de remplir votre cœur des grandes vérités de la Foi. Le temps de la première communion vous a bien rappelé les graves devoirs de la vie chrétienne, mais vous étiez si jeunes et cela a si peu duré ! Vos patrons ? Ceux-là se contentent du produit de votre travail; peut-être vous donnent-ils quelques préceptes d'honorabilité purement humaine et votre âme est constamment oubliée, heureux quand les mauvaises fréquentations n'achèvent pas de vous perdre. Vos parents eux-mêmes, qui vous aiment avec tant de tendresse, chérissent vos corps plus que vos âmes. Votre père s'épuise peut-être pour gagner votre pain et même une honnête aisance; votre mère se laisserait mourir de faim et de fatigue pour éloigner de vous toute privation ou toute douleur; mais pensent-ils beaucoup à vos âmes, à vous faire éviter le péché mortel comme le plus grand et le plus à craindre de tous les maux ? A l'Œuvre, on vous attire dans un seul but : soigner vos âmes, leur faire connaître, aimer et

servir Dieu avec toute la perfection dont vous êtes
capables. Pour cela, point de maîtres, mais seulement des amis qui vous ont voué leur existence, qui
ont fait pour vous ce que le monde appelle des sacrifices et qu'ils appellent, eux, des récompenses
quand ils ont le bonheur de gagner votre cœur pour
le conduire à Dieu. Voyons comment ce zèle s'exerce
auprès de vous par vos propres camarades; avec
quels labeurs, quelle sollicitude, trop souvent, hélas !
et c'est le plus dur, avec quels insuccès !

Nous avons vu comment on soignait la partie
matérielle de votre vie de l'Œuvre afin de vous at-
tirer par les jeux, de vous retenir, de vous éloigner
des occasions de péché, de vous fixer par les satisfac-
tions extérieures, en attendant que les idées de foi
vous fassent apprécier les avantages surnaturels de
cette sainte maison. Aux plus anciens, aux plus
pieux, aux mieux formés dans l'esprit de l'Œuvre,
sont dévolues d'autres fonctions.

Toute l'Œuvre, à peu près, est divisée en diverses
assemblées, dont nous parlerons plus tard. A la tête
de ces réunions, il y a toujours quelqu'un capable
de vous instruire des devoirs de la piété d'une manière proportionnée à votre âge Qui peut dire le
bien qui se fait dans ces assemblées ? Outre cela, tous
les congréganistes sont confiés aux soins des plus
expérimentés et des plus vertueux. Chacun (d'eux
doit voir au moins une fois tous les quinze jours

ceux dont ils sont chargés, en tête à tête, dans la cour, en se promenant. Ce qui se dit dans ces entretiens, Dieu seul doit le savoir, la prudence autant que la discrétion rendent ces petits épanchements tout à fait confidentiels; jamais ils n'ont été une mesure de police ou d'espionnage; le jeune homme qui, à tort ou à raison, veut se plaindre de l'Œuvre ou des ses directeurs, doit avoir un moyen de le dire sans crainte et avec toute franchise; celui que les directeurs ne peuvent atteindre, il faut qu'un autre puisse l'aborder, afin de faire arriver à son âme ce qui ne pourrait la saisir par une autre voie. Avons-nous quelques avis plus importants à donner? Craignons-nous qu'ils ne soient pas assez bien compris si nous ne les donnons qu'en public? Y a-t-il une grande fête à préparer? Nous réunissons nos bons anges et peu après nos paroles parviennent à toutes les oreilles dans une forme proportionnée à leur degré d'intelligence. Souvent les jeunes gens vont difficilement à confesse : ce sont des nouveaux pour lesquels le premier pas est bien dur; ce sont des étourdis qui n'y pensent pas; des négligents qui passent le terme réglementaire sans y prendre garde; surtout ce sont des jeunes gens qui commencent à se gâter, qui se découragent et qui ne viendront plus nous voir si on ne leur tend pas la main. Il suffit de le dire à ceux qui en sont chargés, et par la douceur, le raisonnement, les bonnes amitiés, ces enfants sont conduits jusqu'à notre porte ; le pas difficile sera franchi ; le confesseur fera le reste, ces jeunes gens seront encore au bon Dieu, grâce à la sollicitude de leurs bons amis. Nos enfants s'absentent quelquefois le dimanche : les uns ont des raisons légitimes, les parents les ont fait manquer, ils ont été malades ; d'autres manquent à l'insu de leurs parents et après quelques absences n'osent plus revenir. Ceux qui en sont chargés, vont le lundi dans leurs maisons, comme nous l'avons déjà dit. Quel bien font ces visites! Un grand nombre de parents n'avaient jamais compris l'importance d'une Œuvre où on ne fait ni boire, ni manger; peu leur importe que leurs enfants soient ailleurs; eux-mêmes les conduisent à ces malheureuses campagnes qui ont perdu tant d'enfants, d'abord si fervents, obligés qu'ils sont de passer tout leur dimanche dans l'oisiveté, en contact avec tant de cousins et de cousines, de voisins et de voisines, qui leur font perdre leur innocence. D'autres fois, les parents ignorent ces absences ; si on ne les en eût prévenus, elles eussent duré longtemps au grand détriment de leurs fils. Enfin, quand nos jeunes gens sont malades, les parents sont très-sensibles à ces visites et nous sommes au courant des phases de la maladie. Aussi regardons-nous cette fonction du zèle comme des plus importantes et ceux qui s'en acquittent bien mériteront les marques les plus

sensibles de la tendre reconnaissance du cœur de
N.-S. J.-C., surtout quand ils supportent avec
patience la grossièreté de certaines familles qui
récompensent par des injures leur admirable dévouement.

Il y a quelquefois dans l'Œuvre des natures
rebelles à tous les soins, à toutes les exhortations, à
toutes les grâces du bon Dieu. Quand on a tout
épuisé, on ne sait plus comment se préserver de tout
sentiment de répulsion, ou tout au moins d'indifférence pour ces pauvres enfants. On fait beaucoup
en ne les repoussant pas; on voudrait cependant ne
pas les voir se damner sous nos propres yeux. Un
seul moyen reste encore, c'est de tenter un dernier
effort pour obtenir du bon Dieu quelque grâce
privilégiée de conversion pour ces pauvres âmes
déjà presque perdues. Le directeur a toujours sous
la main, dans l'Œuvre, des jeunes gens et même des
enfants fort jeunes qui sont de la plus grande ferveur. On les réunit par petits groupes; on leur in-
dique des neuvaines qui se font avec une dévotion
inconcevable; les communions y sont nombreuses,
les prières ferventes, des privations très-considé-
rables les accompagnent le plus souvent. Dieu pour-
rait-il résister à des insistances si pressantes, si dé-
sintéressées? Aussi les plus belles conversions en
sont la suite.

Les enfants qui nous viennent n'ont pas tous

reçu la même éducation. Marseille est un immense déversoir où se rendent des gens de tout pays. Il nous en arrive de très-âgés qui n'ont pas fait leur première communion et sont hors d'état de la faire; d'autres qui malheureusement l'ont faite, on ne sait par quels procédés, mais qu'on ne peut plus admettre à la sainte table. Le directeur, accablé d'affaires le dimanche, ne peut trouver le temps considérable qu'il faut pour faire apprendre le signe de la croix, les prières, les commandements, les actes, les principaux mystères à ceux qui ne les savent pas encore. Il y a là des difficultés pratiques insurmontables et cependant ces pauvres jeunes gens, qui travaillent toute la semaine, n'ont que le dimanche pour recevoir cette indispensable instruction. Le zèle de quelques-uns résout ce problème; au lieu de jouer, on les voit dans un coin catéchisant ces jeunes gens si rebutants par leur ignorance et leur grossièreté et parvenant, au bout de quelque temps, à les faire approcher de la sainte table; de sorte que tout le monde trouve dans l'Œuvre tout ce qui peut l'aider à atteindre sa fin, le salut.

Enfin, pour terminer cette nomenclature encore bien incomplète malgré sa longueur, le zèle de nos jeunes gens vient au secours de toutes les nécessités qui peuvent naître autour d'eux, même dans un ordre qui ne semble pas tout à fait spirituel et qui. l'est cependant au suprême degré. L'argent, on le

sait, est la pierre de touche des vrais dévouements.
Quand nos enfants savent aimer leur prochain
jusqu'à se priver de cet argent si péniblement gagné,
leur zèle a le caractère de vérité le plus sincère qu'il
soit possible de désirer. Un congréganiste tombe-t-il
malade ? aucun soin ne lui manque. Après la mort,
ses frères l'ensevelissent, ils veillent son cadavre, le
jour et la nuit ; les prières ne cessent pas un
moment auprès de son corps ; s'il est trop pauvre,
ses obsèques se font aux frais de l'Œuvre, on l'accompagne au cimetière, et quand il est enseveli,
tous, agenouillés sans respect humain sur sa tombe,
récitent à haute voix le *De profundis*, pour le repos
de son âme. Je ne puis dire l'édification qu'éprouvent les gens les plus indifférents et même les plus
hostiles. A la mort de quelques congréganistes plus
notables, ces obsèques furent de véritables triom-
phes, aucun riche ne pourrait les entourer de tant
de piété et de respectueuse dévotion. Le dimanche
suivant, les communions sont nombreuses pour le
repos de ces chères âmes, et le tronc des âmes du
Purgatoire dit l'esprit de foi de nos bons jeunes
gens, qui trouvent dans leurs privations le moyen
de faire prier pour elles de la manière la plus parfaite. A la mort de tel congréganiste que je pourrais
citer, je trouvai dans un seul jour, cinquante francs
dans ce tronc, et pareille chose se renouvelle tous les
ans pendant l'octave des Morts.

Quelquefois d'étranges misères fondent sur quelquesjcongréganistes ; ils sont sans travail, ils sont malades, un malheur imprévu les a atteints. Certes nous n'avons pas la consolation de pouvoir leur donner la richesse, mais jamais, je puis bien le dire, aucun de nos enfants n'a manqué du nécessaire. J'ai connu un jeune poitrinaire qui traîna pendant six mois dans la plus affreuse misère. Ses camarades de l'Œuvre lui donnèrent plus de cinq cents francs ; le compte seul des remèdes dépassa cent trente francs, et ces faits ne sont pas isolés. Une fois, ce sont les plus grands qui se réunissent pour prêter quatorze cents francs à quelqu'un qui en a le plus impérieux besoin; une autre fois, c'est un congréganiste qui a besoin encore de mille francs, pour se faire exonérer, et ces offrandes sont d'autant plus méritoires que les remboursements n'ont pour garantie que la bonne foi des emprunteurs ; que les prêteurs, en me prenant pour intermédiaire, mettent pour condition expresse que leurs noms ne seront jamais connus ; enfin, que la reconnaissance, on le sait bien d'avance, accompagnera rarement de si grands bienfaits. Confident de quelques-uns de ces beaux actes, je suis à peu près sûr d'en ignorer le plus grand nombre, tant est grand cet esprit de charité qui fait de notre Œuvre une véritable famille, où les frères aînés, plus zélés ou plus fortunés, sont toujours au service de leurs frères plus jeunes ou plus malheureux. Que Dieu demeure toujours le seul confident de tant de belles actions, que lui seul soit votre récompense, car presque jamais ceux qui solliciteront avec le plus d'ardeur vos services, n'en seront reconnaissants, heureux si vous ne vous en faites pas des ennemis. La reconnaissance, vertu des grands cœurs, est impossible aux basses natures. Ne vous en plaignez pas, mes chers enfants, redoublez au contraire, de soins, de sacrifices, d'industries pour ceux qui sont les plus incapables de vous comprendre et de vous apprécier. Plus vos insuccès se. ront grands, plus grande sera la récompense que Dieu vous réserve pour avoir, malgré toutes les répugnances de la nature, conservé intact cet esprit de zèle qui est la vie de votre Œuvre bien-aimée.

IV.

Ces trois vertus, l'humilité, l'obéissance et le zèle, forment l'héritage que nous ont légué les disciples de M. Allemand. Mais, ai-je dit, notre Œuvre a adopté des vertus qui lui sont propres. Je ne veux pas dire qu'elles lui appartiennent exclusivement, ce serait absurde, pas plus que l'esprit dont je viens de parler, n'a été une spécialité de la seule Œuvre de M. Allemand ; mais je veux dire que les circonstances, un assemblage de faits et de motifs en ont fait notre esprit propre dans un degré que toutes les Œuvres n'ont peut-être pas également.

L'esprit de Foi est votre caractère distinctif. En vérité, ce qui semble impossible aux hommes, n'est pas impossible à Dieu. Qui vous eût vus en 1848 ou les années suivantes et qui vous voit aujourd'hui, peut bien s'écrier : *A Domino factum est istud et est mirabile in oculis nostris.* (Ps. cxvii. 23). Cet *esprit de Foi* se manifeste dans votre Œuvre en trois manières particulières.

La première est qu'on croit tout ce que croit l'Eglise et comme le croit l'Eglise. Qu'on ne dise pas que c'est tout naturel et tout simple, car ce n'en est pas moins une des choses les plus rares dans notre siècle et dans votre condition. Mais aussi vos directeurs se sont épuisés à vous communiquer cet esprit, et parmi les sujets trop nombreux de mauvaise édification qu'ils vous donnent trop souvent, malgré la sainteté de leur auguste caractère, je défie qui que ce soit des milliers de jeunes gens qui ont fréquenté l'Œuvre, d'accuser aucun de vos directeurs d'avoir prononcé une seule fois une parole ou émis un principe qui ne fût pas d'accord avec l'enseignement de l'Eglise. Que de fois nous avons expliqué les admirables règles de saint Ignace, *regulæ de bene sentiendi cum Ecclesiâ !* Quelle erreur moderne n'avons-nous pas combattue de tout notre pouvoir, jusqu'à vous expliquer, pen-

dant plusieurs semaines, les propositions condam-
nées par le célèbre *Syllabus?* De ces enseignements,
continués pendant de si longues années, il est
demeuré dans l'Œuvre une sûreté de doctrine qui
fait aujourd'hui notre joie et notre bonheur, la
portion la plus précieuse de l'héritage de l'Œuvre,
presque notre seule espérance au tribunal de Dieu.
Quand elle n'aurait fait que cela pendant toute son
existence, elle n'en aurait pas moins été une Œuvre admirable, dont il faudrait toujours bénir Dieu.
Je ne sache pas que depuis tant d'années une erreur
y soit entrée, ou du moins ait osé publiquement
s'y produire. De là encore, cette vivacité de foi qui
se manifeste hors de l'Œuvre et qui vous a fait
une si glorieuse réputation sur les quais, dans les
bureaux, dans les ateliers. Je ne veux pas dire que
vous soyez tous des théologiens, mais tous vous
savez vous défendre, chacun selon son caractère,
jusqu'à celui qui jetait à l'eau, par dessus les bas-
tingages de son navire, le mécréant qui, après s'être
moqué de son scapulaire, le lui avait brutalement
arraché. Plusieurs, sans doute, ont pris trop à la
lettre leur titre de membres de l'Eglise militante ;
cependant, dans un siècle d'ignorance comme le
nôtre, est-ce un malheur que quelques-uns sachent
se défendre par les seuls arguments qui portent
encore la conviction dans ces âmes lâches, qui n'at-
taquent que ceux dont ils ne craignent rien ? N'est-

ce pas un bonheur que, dans cette classe ouvrière si nombreuse et qui a presque toute perdu la Foi, surtout dans les jeunes générations, il demeure un noyau fidèle qui ne fléchisse pas le genou devant Baal ? Il n'en faut pas plus, souvent, pour arrêter la colère de Dieu. Tous les ans, quelques-uns de nos jeunes gens se marient ; ils perpétueront ainsi ces idées de Foi. Qui peut dire à quel point elles se fussent développées, si je n'avais pas été si entravé pendant tant d'années ?

J'ai toujours regardé cet *esprit de Foi* comme si important, qu'indulgent à l'excès pour toutes les sottises des jeunes gens, comme le deviennent tous ceux qui vivent longtemps au milieu d'eux, j'ai toujours été inexorable pour les fautes contre la Foi. Jamais nous ne souffririons dans l'Œuvre un autre enseignement que celui de l'Eglise, ou qui fût seulement trop hardi ou téméraire, mes jeunes gens le savent bien : c'est la grâce spéciale de notre ministère, celle que personne ne peut nous contester, qui est indiscutable, celle qui ne relève d'aucune autorité en ce monde, que de l'Evêque avec lequel nous ne faisons qu'un, puisque c'est de sa part que nous vous enseignons, comme lui-même vous gouverne de la part du Pape, vicaire de Jésus-Christ. Je n'ai plus qu'un souhait à former, c'est que cet *esprit de Foi* se maintienne tel qu'il est parmi vous. Après les orages inévitables de votre vie, cette Foi sera votre ancre de salut ; elle vous rattachera à cette éternité bienheureuse que les folies de votre vie compromettraient si gravement, si votre Foi ne vous obtenait votre pardon du bon Dieu.

En second lieu, cet *esprit de Foi* s'est montré dans votre amour aussi sincère qu'ardent pour le Pape. A chaque siècle, quelque erreur nouvelle vient attrister l'Eglise et ses fidèles enfants, mais Dieu sait tirer le bien du mal, et chaque siècle voit l'amour des fidèles se ranimer précisément, par la violence des attaques. Hélas ! mes bons amis, qui pensait au Pape, il y a cinquante ans, dans notre France surtout ? Les meilleurs catholiques discutaient les limites de son pouvoir, et Pie VII pouvait être captif au commencement de ce siècle, sans que l'émotion du monde chrétien égalât celle que nous ressentons aujourd'hui, dans des circonstances semblables. Que les temps sont changés ! Tous les cœurs vraiment catholiques se tournent vers le Pape, et, chose bien étonnante dans ce siècle si égoïste, on lui donne de l'argent à pleines mains, on l'entoure de défenseurs prompts à se rendre à son appel, on prie pour lui dans tous les coins de la terre. Voilà la triple manière de servir sa cause, si bien comprise dans votre Œuvre. Dès l'institution du denier de Saint-Pierre, vous vous êtes dépouillés de vos petites économies et trois fois vous avez eu le bonheur de recevoir les félicitations autographes du Saint-Père. Je citerai, à un autre endroit, les belles lettres qu'il vous adressa. Pour les prières, nous ne les avons jamais omises ; tous les jours nous récitons, après la prière du matin, le beau psaume *Deus noster refugium et virtus* (Ps. 45), et le soir un *Pater* et un *Ave* aux intentions du Souverain Pontife. A son premier appel pour former sa petite armée, vous répondîtes d'une manière qui demeurera la gloire de notre Œuvre. Je raconterai ailleurs les épisodes de ce premier départ ; qu'il vous suffise de vous rappeler ici, que notre Œuvre était représentée par trois de ses enfants à Castelfidardo. Ils s'y couvrirent de lauriers et notre médaille du Sacré-Cœur y reçut le baptême du sang. Tous ces événements sont trop importants pour ne pas y revenir avec plus de détails.

L'*esprit de Foi* a produit dans notre Œuvre l'*esprit de Religion*. Après la grande Révolution, tout ce qui tient au culte était devenu d'une extrême pauvreté dans notre ville de Marseille et probablement partout ailleurs. Ce n'étaient pas seulement les ressources qui manquaient après une si grande catastrophe, c'était le goût même du service divin qui n'existait plus, et cela se conçoit : le petit nombre de prêtres échappés à la mort avaient bien assez à faire pour rebâtir l'édifice spirituel. Ses ruines étaient immenses, les réparer

toutes ne pouvait qu'être l'ouvrage du temps. J'ai
entendu raconter plusieurs fois à Mgr de Mazenod
et à son fidèle ministre, le vénérable M. Tempier,
qui a gouverné le diocèse à ses côtés pendant quarante ans, dans quel état d'affreux abandon étaient
toutes les églises. D'une laideur architecturale
proveibiale, car il a fallu presque toutes les rebâtir,
rien n'égalait leur pauvreté quand le siège de saint
Lazare fut rétabli, en 1824. Enfant de cette époque,
M. Allemand ne pouvait qu'avoir les idées de son
temps et quelque profond que fût son esprit de religion dans le culte qu'il rendait au bon Dieu
dans son Œuvre, cependant ses goûts, sa voix, sa
tournure, son éducation le rendaient fort impropre
aux magnificences du culte catholique. En 1847,
quand notre Œuvre commença, tout était encore
fort misérable chez M. Allemand, pour le fond et
pour la forme. Dans les six ans qui suivirent la
mort du saint fondateur, des sommes énormes
avaient été dépensées dans son Œuvre, mais
l'église, si laide par elle-même, n'avait reçu aucun
embellissement. Son plancher, plat et bas, avait été
changé en plein cintre surbaissé, ce qui l'eût fait
ressembler à un tunnel, si une immense profusion
de tableaux fort médiocres n'en eût fait un méchant
musée. Le sanctuaire n'avait aucun ornement.
L'autel de marbre, petit et fort laid, se recouvrait
d'étoffes afin de le dissimuler. La sacristie, grande

de quatre mètres, n'avait aucun bel ornement; on cachait cette pauvreté par de grands échafaudages qui surchargeaient l'autel de toutes sortes de caisses, aux jours de grandes fêtes. De messes chantées, jamais, si ce n'est aux jours imposés par les lois de l'Église, à la messe de minuit et les trois jours de la semaine sainte, et jamais avec diacre et sous-diacre. Les vêpres étaient toujours celles de la Sainte Vierge, excepté aux plus grandes solennités. Le plain-chant, exécuté par quelques grands, était inconnu à la masse des enfants; après 1850, on fit beaucoup de musique, mais le plain-chant y gagna fort peu. Des jeunes gens en redingote servaient à l'autel; c'était pieux peut-être, mais peu majestueux, surtout aux offices solennels. Du reste, point d'orgues, point de mobilier d'église, que quelques vieux bancs dont j'ai hérité, et que j'ai promptement expulsés de notre chapelle. Dans une Œuvre si colossalement riche, qui dépensait certaines années jusqu'à cent mille francs, qui avait mis cinq fois cette somme dans la fondation simultanée de quatre succursales, cet oubli des choses du culte divin ne pouvait s'expliquer. Aussi, quelque ardent que fût mon désir d'imiter en tout M. Allemand, j'avoue que je fis mon possible pour ne pas l'imiter sur ce point, ce qui produisit un double résultat : notre église devint splendide, eu égard à notre pauvreté et à notre absence presque complète de ressources, et l'Œuvre de M. Allemand, piquée d'émulation, a plus fait pour nous suivre dans ces vingt-neuf années qu'elle n'avait songé à le faire dans les cinquante ans qui avaient précédé.

J'ai dit, dans un autre livre, les ressources prodigieuses qu'offraient les splendeurs du culte pour former le cœur des enfants à l'esprit de foi et de piété. Cette doctrine était trop catholique pour ne pas recevoir l'approbation de tout le monde; je n'ai donc pas à y revenir ici. Je dois seulement dire comment dans une Œuvre si petite nous avons pu obtenir un pareil résultat. Dans les débuts, nous avons tout fait nous-même, mais peu à peu cet *esprit de Religion* s'est répandu dans l'Œuvre et depuis longtemps c'est par vous-mêmes que Notre-Seigneur reçoit ces hommages qui lui sont bien plus précieux quand ils viennent de votre propre cœur.

Avant tout, nous supprimâmes de l'Œuvre toutes les fêtes de dévotion privée et nous reléguâmes à un rang très inférieur les pratiques particulières que nous conservâmes. En effet, les grandes fêtes de l'Eglise sont si nombreuses qu'elles suffisent amplement à soutenir la dévotion si légère des enfants et à nourrir la dévotion plus solide des grands. Puis, comme elles rappellent les plus grands mystères de la religion, qu'elles sont célébrées par l'Eglise universelle, elles ont avec elles une grâce spéciale qu'aucune fête d'invention privée ne peut avoir. Pâques avec les offices des trois jours qui précèdent, devint la solennité de nos solennités. La Pentecôte, seconde fête de l'Eglise, si délaissée aujourd'hui, conserva d'autant plus facilement son éclat, que notre première communion fut fixée à ce jour. Noël resta au troisième rang; nos deux fêtes patronales, l'Epiphanie et le Sacré-Cœur, également grandes dans ce diocèse qui les célèbre de première classe avec octave, occupèrent ensuite la première place. La dévotion de nos enfants donna le plus grand éclat à deux autres grandes fêtes : la Toussaint, anniversaire de notre fondation, et l'anniversaire de la Dédicace de notre église, fixée par Mᵍʳ de Mazenod au troisième dimanche de juillet, conformément à l'opinion de très-célèbres rubricistes que Rome n'a pas cru devoir suivre en principe, mais qu'un Indult spécial nous a permis de conserver à cette date, *afin*, dit le Saint-Père, *que la mémoire d'un si beau jour ne se perdît pas.* Toutes les autres grandes fêtes de l'Eglise conservèrent leur rang, toujours avec grand'messe, diacre et sous-diacre et vêpres solennelles. Seulement, après toutes ces fêtes, nous mîmes saint Joseph notre troisième patron, l'Immaculée-Conception co-titulaire de notre église, puis à un rang plus inférieur saint Michel archange, et saint Louis de Gonzague, nos deux patrons secondaires. Un Indult de Rome nous a permis de renvoyer au dimanche celles de ces fêtes qui tombent dans la semaine, afin que nous puissions les célébrer avec plus de dévotion et gagner les indulgences, sans sortir de la légalité.

Toutes les autres pratiques de dévotion, même celles qui nous sont les plus chères, se célébrèrent en dehors des offices liturgiques. La neuvaine préparatoire à saint Joseph, le chemin de la Croix pendant le Carême, le mois de Marie, surtout, si solennel, se font à d'autres moments que la messe et les vêpres et sans usurper leur place privilégiée.

On reproche souvent aux congrégations de détruire l'esprit liturgique de l'Eglise en le remplaçant par des pratiques de dévotion privée, qui certainement ne valent pas ce que les siècles nous ont légué d'offices graves et majestueux et ce que l'Eglise elle-même, par les plus sages lois, a réglé pour nourrir la dévotion des fidèles en rendant au bon Dieu un culte digne de lui. Toutes ces choses si saintes se remplacent, dit-on, par de petites choses inventées à l'envi, par des directeurs besogneux ou des sacristains plus ou moins ingénieux. On reproche surtout à nos Œuvres de jeunesse de détruire l'esprit paroissial, en habituant les enfants à des genres d'offices qui les dégoûtent infailliblement de ces graves usages des paroisses dans lesquelles ils devront rentrer un jour. Certes, mes chers enfants, personne ne mérite ce reproche aussi peu que nous. Aucune paroisse ne fait mieux les offices ; le chant, qui laisse encore tant à désirer de votre part, dépasse cependant ce qu'on fait dans tout Marseille, même à la cathédrale. Nulle part, en effet, on n'entend trois cents voix chanter ensemble le plain-chant en faux-bourdon et les rubriques s'observent mieux que dans aucun endroit du diocèse. Notre église et notre autel sont consacrés ; les premiers, nous avons eu les nappes tombantes jusqu'à terre ; le tabernacle où réside Notre-Seigneur est entouré de *conopeums* de la couleur du jour ; bien avant les statuts diocésains, nous avions supprimé les pavillons rouges des ciboires, selon l'usage de Paris. Le devant de l'autel a des parements conformes à l'*Ordo* quotidien, mais surtout nous avons supprimé cette affreuse invention française, risée des étrangers, qu'on appelle des flamberges. Au lieu de faire brûler sur l'autel de longs morceaux de bois ou de fer blanc, de grands cierges en cire se consument sur nos chandeliers, et, chose qu'on ignore, en suivant cette rubrique, nous avons trouvé le moyen de faire une forte économie sur l'usage des flamberges, avec leur arsenal de canons, de ressorts, de soudures toujours à réparer, de peinture toujours à refaire ; mais surtout nous avons fait disparaître ces sacristains montant jusque sur l'autel, aux plus saints moments du sacrifice, pour rallumer ces instruments, sans cesse

éteints. Dans aucun pays du monde, l'esprit ingénieux n'a inventé autant de costumes d'enfants de
chœur qu'à Marseille. Leur exhibition simultanée
serait un des spectacles les plus curieux qu'on pût
voir, nous disait un illustre cardinal, si on y joi-
gnait un spécimen de tous les suisses de France et
de Navarre. Nos enfants de chœur, je devrais dire
nos hommes de chœur, car les plus grands se font
un bonheur de servir à l'autel, portent simplement
la *cotta* romaine, sans barrettes ni calottes cardi-
nalices. L'économie, là encore, est très-grande; plus
d'aubes splendides si vite déchirées, plus de belles
ceintures d'évêque si vite fripées, conformité aux
usages de l'Eglise romaine. Aux jours de grande
fête, les choristes en chape entourent le lutrin,
pendant que, dans leurs stalles, nos jeunes gens
chantent à deux chœurs, s'inclinent aux endroits
prescrits, se tournent vers l'autel ou l'un vers l'autre, selon les rubriques. Tout cela donne à nos
offices un air de recueillement, de gravité, qui impressionne favorablement tout le monde. Je sais bien
qu'il nous reste encore beaucoup à faire; on trouverait facilement encore beaucoup à critiquer, mais
tels que nous sommes, nous avons mérité d'entendre
les plus chaudes félicitations d'un illustre prélat qui
demeure le plus célèbre liturgiste de France (1).

(1) Dom Guéranger, abbé de Solesmes.

Peut-être même notre exemple aura-t-il quelque influence au dehors; plusieurs emprunts nous sont déjà faits. Trois paroisses nous ont déjà demandé nos surplis pour les copier; toutes ont pris nos conopéums et plusieurs les nappes tombantes, une autre nos sept lampes. Un vénérable chanoine, M. Carentène, me faisait appeler sur son lit de mort pour m'annoncer qu'il me laissait ses ornements et ses vases sacrés, « parce que, me dit-il, je n'ai vu aucun endroit où le service divin se fît mieux. » Enfin, pour arriver à plus de perfection, nous faisons de temps en temps une classe de liturgie à nos plus grands, et tous les jours les deux cents enfants de l'école ont une classe de plain-chant. Puissions-nous ainsi contribuer un jour à augmenter les splendeurs du culte dans toutes les églises de Marseille, quand nos petits chantres, devenus plus grands, pourront fortifier le lutrin de leurs paroisses.

Tout ce que j'ai dit jusqu'ici, mes chers enfants, et je n'ai raconté qu'une faible partie de ce que nous faisons, prouve que vos directeurs ont un grand amour pour les choses du culte; ce qui va suivre fera comprendre avec quelle ardeur vous avez suivi ce mouvement liturgique, combien vous vous l'êtes approprié, comment l'esprit de religion est devenu un de vos caractères spéciaux, surtout depuis la consécration de votre petite église.

Quand notre chapelle eut été bâtie, la sobriété

extrême du style que nous avions adopté, nous obligea à peindre le sanctuaire qui était trop nu. Ce furent les grands qui voulurent peindre la voûte absidale à leurs propres frais. Trois d'entre eux se réservèrent l'ornementation intérieure du tabernacle, en damas blanc et drap d'argent, richement brodé en or. Les tableaux du sanctuaire furent successivement achetés avec les produits de la vente du *Manuel de piété*, dont nous sommes propriétaires. Ce petit livre est devenu si populaire à Marseille que 25,000 exemplaires s'en sont vendus en trente ans. J'ai dit qu'en 1853, tous les enfants réunis m'avaient donné une exposition pour le T.-S. Sacrement. Notre règle défendant aux directeurs de recevoir aucun cadeau personnel, les congréganistes éludent cette loi, en faisant tous les ans un cadeau toujours plus beau pour l'église. En 1854, ce sont deux beaux candélabres ; l'année suivante, un étendard rouge pour les processions. Une autre année, c'est une belle lampe en bronze doré pour le T.-S. Sacrement ; une autre fois, une statue de saint Joseph, qui orne encore son autel ; puis, une autre statue du même saint pour faire dans la cour le vis-à-vis de la statue de notre bonne Mère, donnée par les enfants, en 1848. Les années suivantes, l'Œuvre est plus nombreuse, les enfants ont grandi, ils aiment bien plus leur maison ; les sommes qu'ils dépensent pour ces cadeaux devien-

nent si considérables que, pendant deux ans, il faut
les interdire par mesure de prudence ; on irait trop
loin. Ils achètent un dais en drap d'or, — car on
sait trop bien à l'Œuvre que le rouge est prohibé
par les rubriques, — qui sert pour nos processions
du Saint-Sacrement, notre adoration perpétuelle,
ou quand quelque grand personnage vient nous
visiter. En 1860, il eut la chance inconcevable
d'abriter l'Empereur et l'Impératrice à leur visite
à N.-D. de la Garde. Mgr de Mazenod était venu de
sa personne nous le demander, au refus de plusieurs
paroisses ; pas besoin de dire avec quel empresse-
ment on se hâta de le lui prêter. Ce choix de notre
dais était si bizarre ! Une autre fois, un congréganiste met en loterie sa giletière, le gagnant la revend
et tous deux avec le produit ornementent la statue
de notre bonne Mère, dont les frères de Saint-
Vincent-de-Paul, de Paris, nous ont fait cadeau.
Inutile de dire que les congréganistes ont acheté le
premier camail de leur directeur et que quand
Mgr Cruice eut donné à son chapitre la splendide
Cappa-magna, trop coûteuse pour un père de jeunesse, ce furent les plus grands qui lui en firent la
surprise. Puis, c'est un grand lustre en verre de
Venise qu'ils suspendent au milieu de la voûte, un
ciborium en marbre qui domine le tabernacle, un
conopeum en drap d'argent brodé en or, un autre
en velours rouge, en velours violet, en soie verte qui

l'entourent. Puis, ce sont des *cotta* pour les enfants de chœur, un devant d'autel en damas blanc brodé en or, deux beaux encensoirs, que sais-je encore! j'en oublie et beaucoup. Quelquefois nos jeunes gens rêvent des choses impossibles, mais rien n'est impossible pour eux. Nous avions une belle chasuble en drap d'or et deux affreuses dalmatiques en cuivre. Ils se disent de les remplacer par deux dalmatiques de neuf cents francs : où trouver cette énorme somme ? Mais voilà que M. le chanoine Coulin faisant réimprimer son excellent ouvrage, l'*Année du Pieux Fidèle*, nous fait cadeau de trois mille volumes dépareillés de la première édition. Cet ouvrage se vendait autrefois à 1 fr. 25 c., chez les libraires ; nos jeunes gens s'en font marchands à 0,50 c. Les uns le vendent dans la rue, les autres, aux portes des églises ; ceux-ci, dans les maisons ; ceux-là, plus industrieux, les vendent dans leurs voyages en d'autres villes et jusqu'en Algérie. Avant la fin de l'année, nous avions nos deux belles dalmatiques qui contribuent aux pompes de nos solennités, pendant que, par une double bonne œuvre, les excellents livres de M. Coulin préparent un plus grand nombre de cœurs à les bien célébrer.

Un dimanche, prêchant sur le culte qui est dû à Notre-Seigneur dans la Sainte-Eucharistie, car nous revenons très-souvent sur ce sujet, je racon-

tais la grande dévotion de M. Olier qui avait
fait allumer sept lampes devant le tabernacle de sa
paroisse, Saint-Sulpice. Je croyais ce récit oublié
comme tant d'autres, mais il avait frappé quelques
grands. Peu de jours après, je reçois une lettre
anonyme par la poste; elle m'annonçait l'arrivée de
six lampes avec prière de les suspendre aux côtés
de celle qui brûlait déjà depuis plusieurs années.
En effet, le 18 avril 1863, fête du patronage de saint
Joseph, les sept lampes furent allumées pour la première fois devant le saint tabernacle et depuis elles
n'ont jamais cessé de brûler en la présence de
N.-S. J.-C. Dans les premiers temps, on les éteignait à neuf heures du soir; mais nos enfants n'ont
pas entendu cette économie. Deux fois par an, aux
mois d'avril et d'octobre, ils se cotisent entre eux et
cette quête rend plus qu'il ne faut, pour que ces
lampes, toujours allumées, témoignent constamment de leur dévotion pour la Sainte-Eucharistie.
On peut leur appliquer ces paroles des livres saints :
Septem lampades ardentes ante thronum qui sunt
septem spiritus Dei. (Apoc. IV. 5) Il m'a fallu
bien longtemps pour soulever le voile anonyme
qui cachait le nom des donataires et ce n'est qu'à
la mort de l'un d'eux, dont j'ai écrit la vie, que
j'ai su les noms si bien cachés, jusques-là, des huit
congréganistes qui avaient donné ces six lampes.
Toute l'Œuvre, je puis le dire, leur porta envie,

chacun aurait voulu y être pour quelque chose.
On s'en dédommage par les quêtes semestrielles.

En 1856, très-court d'argent après tant de dépenses, d'achats et de constructions, je n'avais pu
qu'ébaucher la nef de notre église, laissant au
temps le soin de la terminer. Il y avait onze ans
que nous désirions l'achèvement final de notre
petit temple, quand deux personnes pieuses, dont
je dois vous taire le nom, au moins pour un temps,
me donnèrent la somme nécessaire pour faire les
vousssures et les arcs-doubleaux de la voûte. C'était
un grand pas, mais ce n'était pas tout; il fallait
peindre cette voûte et les murs, sculpter les chapi-
teaux, il fallait même le faire tout de suite, afin de
profiter de l'immense échafaudage dont nous avions
fait les frais; du moins c'est ainsi que le décidèrent
nos jeunes gens. Aussitôt toute l'Œuvre se met en
mouvement, dans le plus profond mystère, et la
veille du 19 mars, au lieu des simples bouquets
qu'on me donne tous les ans en si grand nombre,
je reçois une somme suffisante pour peindre tout
le haut de l'église, jusqu'à la hauteur des chapi-
teaux sculptés ; des prodiges de zèle avaient réuni
en quelques jours mille vingt francs dans la maison
seulement. Quelle joie fut la mienne! Tôt ou tard,
sans doute, des dons particuliers réunis hors de
l'Œuvre m'eussent permis de faire ce travail : mais
notre église devenir si belle par les mains de mes

propres enfants! les voir prier autour de N.-S., dans une enceinte embellie par eux-mêmes, pouvoir leur entendre dire comme à Salomon : *Domine in simplicitate cordis mei lœtus obtuli universa hœc* (1 Par. xxix, 17), j'avoue, mes chers enfants, que c'est une des plus douces jouissances que vous m'ayez données dans l'Œuvre, et c'est avec le plus vif attendrissement que j'achève cette belle prière : *et populum tuum qui hic repertus est vidi cum ingenti gaudio, Deus Israël custodi in æternum hanc voluntatem* (id). Quand vous contemplez quelque chose de beau, mes chers amis, vous l'admirez et tout est dit. Mais quand c'est vous-mêmes qui l'avez fait, vous vous attachez à votre ouvrage, d'une manière inconcevable, bien plus qu'à des choses plus belles qui ne viennent pas de vous. Puissiez-vous toujours plus aimer votre jolie petite église, hélas! trop petite déjà pour votre nombre toujours croissant; puissiez-vous y prier avec plus de ferveur; Notre-Seigneur, qui n'a pas besoin de ces beaux ornements pour lui-même, les chérit comme l'expression des sentiments de votre cœur. C'est à ce titre que je suis si heureux de vous les voir prodiguer au prix, peut-être, de tant de sacrifices que ce Dieu, qui ne sait pas se laisser vaincre en générosité, vous rendra au centuple.

Pendant que j'écrivais ces pages, mes enfants comme s'ils l'eussent deviné, se sont surpassés. Le

sanctuaire, trop petit, a été détruit en entier, refait
avec beaucoup plus de luxe et doré du haut en bas.
La dépense a dépassé six mille francs. Ils ne pouvaient trouver entre eux une pareille somme, leur
industrie y a suppléé, ainsi que vous en verrez les
détails racontés sur une inscription placée dans le
sanctuaire, en 1878. Il semblait que leurs forces
fussent épuisées après un pareil effort; point du
tout, ils ont fait en même temps la délicieuse petite
chapelle du Sacré-Cœur, pour les associations. Elle
remplace l'humble pigeonnier dont je vous ai parlé.

V

Je me suis plu, mes chers enfants, à faire res-
sortir votre esprit de religion pour l'édification de
ceux qui, venus après vous, liront un jour comment
on se conduisait à l'Œuvre pendant les trente-trois
premières années de son établissement. Mais que
serait cet esprit de foi et de religion, s'il ne consis-
tait qu'en des pratiques extérieures? Grâces à Dieu,
il n'en est pas ainsi parmi vous et l'*esprit de piété*,
second esprit qui nous est propre, s'est tellement
implanté dans notre Œuvre que nous n'avons plus
qu'à le cultiver pour en recueillir les fruits. Ce n'est
pas, hélas! que vous soyez tous également pieux;
mais la piété, dans notre Œuvre, est comme un brillant soleil dont le cœur de N.-S. forme le centre.

Autour de lui prennent place les cœurs les plus fervents ; plus loin, ceux qui le sont moins, plus loin encore, ceux qui n'ont point assez de piété ; de manière que, dans l'Œuvre, tous ont leur place dans cette immense fournaise d'amour de Dieu, quoique à des distances inégales que nous faisons tous nos efforts pour rapprocher. Seulement comme la piété est un sentiment intérieur, il ne nous est pas aussi facile de raconter ses manifestations dans l'Œuvre. L'esprit de religion, c'est le culte officiel qui se manifeste au dehors; l'*esprit de piété* se cache au dedans, nous ne pouvons donc en dire que le peu qui se voit.

1° Votre piété paraît par votre bonne tenue à l'église. M. Allemand disait : « Mes enfants, vos bons anges sont contents, quand vous jouez bien, pourvu que vous ne criez pas trop fort. » Hélas! nous ne pouvons en dire autant, et il faut avoir des oreilles bien habituées au bruit pour supporter les cris, les chants, qui règnent en maîtres dans la cour. Mais entre-t-on à la chapelle, quel changement! quelle bonne tenue! et cela presque sans surveillance, comme instinctivement, par une habitude prise qui fait l'admiration de tous ceux qui viennent vous voir. J'ai visité un grand nombre d'Œuvres en France; beaucoup de leurs directeurs ont passé plusieurs jours dans notre maison, nous avons donc pu faire l'épreuve et la contre-épreuve par nous-

même et par les autres, jamais nous n'avons vu tant
d'ordre dans aucune maison d'éducation, et cependant nos offices sont souvent bien longs pour les
plus jeunes d'entre nos enfants. Je crois que c'est
un des points que nous devons le mieux conserver,
parce que c'est une des choses qui ont le mieux
réussi.

2° La visite au Saint-Sacrement est la pratique
la plus usitée dans notre maison. L'usage veut
qu'en arrivant, la première visite soit pour Notre-
Seigneur. C'est un très bon usage, mais ce n'est
pas encore ce que nous appelons la visite ou l'adoration. Les jours ouvriers, dans la soirée; les dimanches pendant toute la journée, les plus pieux passent
au moins un quart d'heure devant le Saint-Sacrement. Rien d'édifiant comme cette pratique : d'un
côté, le bruit de la cour; de l'autre, le recueillement
le plus absolu; chacun fait sa visite à son gré, de
lui-même, sans que les supérieurs le disent; l'église
n'est jamais vide aux heures où la maison est
ouverte aux enfants. Ceux qui ne peuvent absolument pas venir tous les soirs, font leur adoration
dans leur paroisse ou dans l'église la plus voisine ;
de sorte qu'il y a toujours, à l'Œuvre ou au dehors,
quelques bons congréganistes qui prient le bon Dieu,
pour eux ou pour leurs frères. Qui peut dire les
fruits de cette admirable pratique, que les plus
jeunes commencent à imiter?

3' Nous ne parlerons pas des pratiques de dévotion spéciales, qui sont usitées parmi vous, comme l'oraison si connue des plus fervens, le chapelet que disent presque tous les enfants de l'Œuvre; je me borne aux pratiques extérieures, celles que tout le monde peut voir. Outre les fêtes chômées et les jours de dimanche, nous célébrons encore les fêtes de dévotion qui se rencontrent dans la semaine. Le matin, les congréganistes dont le travail ne commence pas à six heures, viennent à la messe. A certains jours, beaucoup laissent toutes leurs occupations pour assister aux offices; par exemple, le jour des Morts, le Mercredi des Cendres, la Chandeleur, les trois jours de la Semaine Sainte, les quatre jours de la grande retraite annuelle, etc. Le soir, bien peu manquent à l'exercice qui clôture la journée par la bénédiction du T.-S. Sacrement et ces fêtes sont très nombreuses. Chaque premier vendredi du mois, c'est la procession du Saint-Sacrement et l'amende honorable au Sacré-Cœur; tous les mercredis de carême, nous avons le chemin de la croix; et les enfants sont presque aussi nombreux à ces deux exercices que le dimanche même. L'adoration se fait pendant toute la nuit du jeudi saint et pendant les trente-six heures où l'adoration perpétuelle a lieu dans notre église. Toutes les cérémonies de la semaine sainte, à part la consécration des saintes huiles et la bénédiction des fonts, ont lieu le matin

et le soir, comme dans toutes les paroisses. Nous
lavons les pieds à douze enfants le jeudi saint, nous
prêchons la Passion le vendredi soir, après les ténè-
bres. Qu'on se figure le dérangement et la fatigue
que cela donne à de jeunes ouvriers, le soir, après
une pénible journée, arrivant en habits de travail,
sans avoir eu le temps de souper, quelques-uns
même si tard, que les offices finis ne leur laissent
plus que la satisfaction d'avoir montré leur bonne
volonté en faisant une course devenue si longue,
depuis les agrandissements de la ville. Ces difficultés
sont pour nous le thermomètre de la vraie *piété*,
qui n'est méritoire que lorsqu'elle inspire de vrais
sacrifices. Les plus fervents, et ce sont les plus nombreux, surmontent tout; les tièdes, au contraire,
trouvent des peines à ce qui pourrait tant soit
peu gêner leur pauvre nature incapable de comprendre le bonheur des sacrifices pour Dieu.

4° Nous pourrions étendre ces détails sur la vie
pieuse de l'Œuvre. Ils sont répandus dans tout
cet ouvrage, inutile d'y revenir plusieurs fois. On
peut dire que la *piété* est comme notre atmos-
phère; elle se rencontre partout, anime tout,
domine tout. Elle seule est estimée, les jeunes gens
pieux sont seuls comptés pour quelque chose, les
autres ne sont tolérés que par l'espérance de les voir
un jour plus pieux. Cependant, la manifestation la
plus éclatante de la *piété*, c'est la fréquentation

assidue des sacrements. Il n'y a pas de plus beau spectacle dans l'Œuvre. Le samedi soir et le dimanche, les jeunes gens se pressent dans l'antichambre des directeurs ; personne ne se cache, personne n'a honte, tout le monde le fait ostensiblement, et cette absence complète de respect humain est peut-être le grand attrait qui attire les nouveaux. Le dimanche, au moment de la communion, rien d'admirable comme le nombre, le recueillement, la piété des communiants. Dans ce moment-ci, les plus petits dimanches voient toujours le tiers de l'Œuvre à la sainte table, à toutes les grandes fêtes il y a la presque totalité. Du reste, les chiffres seront plus éloquents que tout ce que nous pourrions dire. Depuis vingt-sept ans, nous marquons exactement le chiffre des particules consacrées ; on porte même le scrupule jusqu'à déduire les communions données aux personnes étrangères à la maison. Voici la statistique de ces vingt-huit années ; malheureusement nous n'avions pas eu l'idée de la faire pendant nos trois premières. Qu'ajouterai-je de plus ? Je ne crois pas que rien puisse avoir plus d'éloquence que ces chiffres ; ils sont la preuve la plus convaincante du succès de notre Œuvre : *Pater sancte, serva eos quos dedisti mihi.* (Joan. XVII. 11).

En vingt-huit années, du 1er novembre 1850 au 31 octobre 1878, au moment où j'écris ces pages, nous avons entendu dans l'Œuvre :

175,710 CONFESSIONS,

sans compter ceux qui s'adressent à d'autres prêtres au dehors, et nous avons donné dans notre seule église :

1 15,753 COMMUNIONS.

VI

Enfin, mes chers enfants, notre troisième esprit propre, je veux dire le caractère distinctif de notre Œuvre, c'est la *Pureté des Mœurs*. Je n'entends parler que ce de qui paraît au dehors; quelles choses admirables n'aurais-je pas à dire, si je pouvais tout révéler ?

1° Ces bonnes mœurs paraissent dans la tenue extérieure de la maison, et dans ce sens on pourrait les confondre avec la bonne éducation ; la politesse, la douceur et la pureté des mœurs ayant les points de contact les plus intimes. Aussi ne cessons-nous de faire la guerre à cette grossièreté, trop commune dans ce pays, grossièreté qui étouffe tous les bons sentiments dans un cœur abruti et engendre tous les désordres. Les mots immodestes, grossiers, à double sens, sont sévèrement proscrits et il est bien rare qu'on les entende et surtout qu'on ose les répéter après un premier oubli, tout le monde en faisant bonne justice. Il est permis de quitter son habit pour jouer, mais il faut toujours avoir un gilet ou une blouse, on ne peut rester en manches

de chemise. On ne permet pas d'achever une toilette commencée dans un cabinet, il faut qu'on ait
entièrement fini de se vêtir et même de se bouton-
ner avant de sortir. Toutes ces petites précautions
et plusieurs autres, que nous omettons, entretiennent un grand esprit de modestie, qui paraît sans
qu'on y prenne garde. Aussi, nous sommes si sûr
de nos enfants, que nous avons pu, sans inconvénients, leur faire creuser un grand bassin de natation. Ils y prennent leurs ébats dans un costume
qui permet à tout le monde de venir les voir, pendant que cette surveillance mutuelle éloigne des
dangers impossibles en présence de trois cents spectateurs.

2° Je puis affirmer qu'en vingt ans nous n'avons
jamais surpris le moindre fait d'immoralité dans la
maison. Il est vrai que les choses ont bien changé
dans les premières années de notre école et c'est
le seul inconvénient qu'elle nous ait apporté à
ses débuts. Cela vient de la manière d'être toute
différente de l'école et de l'Œuvre. A l'Œuvre on
vient librement, les parents font venir à l'école; à
l'Œuvre on n'y est qu'en passant et pour quelques
heures; à l'école, c'est tout le jour et toute l'année;
de là des malheurs que notre vigilance si inquiète
n'a pas pu toujours éviter, mais que nous réprimons
avec une main de fer, quand nous les savons et
ont entièrement cessé dans ces dernières années à

cause du choix plus sévère que nous apportons aux admissions. Nos premiers élèves venaient d'autres écoles et ils croyaient pouvoir impunément continuer chez nous leurs pratiques antérieures... Chose bien surprenante ! jamais ces malheurs n'arrivent le dimanche, tant est grande la surveillance que les meilleurs exercent autour d'eux quand ils sont tous réunis.

3° Mais cette pureté extérieure ne saurait nous suffire, à nous, vos pères, habitués à lire dans le plus intime de vos cœurs. Nous vous adresserons les paroles de saint Cyprien, à vous les enfants chéris de notre maison : *Nunc vobis ad virgines sermo.... flos est ille ecclesiastici germinis, decus atque ornamentum gratiæ spiritalis, læta indoles... Dei imago, respondens ad sanctimoniam Domini, illustrior portio gregis.* « Nous nous « adressons maintenant à vous, ô vierges, dont « l'état plus sublime demande aussi plus de soins. « Vous êtes les fleurs nées de la semence de l'Eglise, « le chef-d'œuvre de la grâce, l'état privilégié, « l'édifice incorruptible de gloire et d'honneur, « l'image de Dieu répondant à la sainteté du Sei- « gneur, la portion la plus noble du troupeau de « Jésus-Christ. Vous réjouissez l'Eglise votre mère « et faites briller magnifiquement sa glorieuse « fécondité. Plus nombreuse est la foule des vier- « ges, plus grande est la joie de cette mère. C'est à

« elles que nous parlons ; c'est elles que nous
« exhortons, en pères plutôt qu'en supérieurs. »
(S. Cypr. *De habitu et disciplinâ virginum*, cap. 2).
Eh quoi ! tous les saints Pères ont chanté la virginité, elle est la gloire de l'Eglise, et notre Œuvre
ne produirait pas cette fleur ! Mais nous ne serions
plus de l'Eglise, nous y occuperions une place
inutile ; contents d'avoir obtenu quelques petites
fleurs, nous ne chercherions pas à cueillir les plus
belles ! Les roses de l'amour de Dieu, les violettes
de la vie cachée forment une bien belle couronne;
mais qu'elle serait incomplète si les lys de la pureté
ne venaient l'embellir ! Grâces à Dieu, la pureté la
plus parfaite règne et s'épanouit tout à son aise
dans cette sainte maison ; chez plusieurs elle règne
en souveraine, chez quelques-uns elle inspire les
plus beaux sacrifices, elle apprend celles de toutes
les offrandes qui sont le mieux reçues du cœur
virginal de Notre-Seigneur Jésus-Christ. *O quam
pulchra est casta generatio.... apud Deum nota
est et apud homines.* Oui, la pureté des mœurs est
toujours admirable; mais qu'elle brille d'un plus
bel éclat dans une réunion de jeunes gens ! Si vous
saviez, mes fils chéris, quel don Dieu vous a fait !
Comme il vous aime dans cet état ! Comme vos
autres camarades vous devinent sans s'en douter !
La virginité répand sur tout votre extérieur une
sorte de parfum, qu'on sent comme celui de la vio-

lette sans la voir, sans savoir pourquoi et qui vous attire les cœurs, selon cette expression des livres saints : *In odorem unguentorum tuorum currimus, adolescentuli dilexerumt te nimis*. (Cant. I. 3). Conservez bien ce précieux trésor dans l'Œuvre, c'est votre perle par excellence, les autres vertus découlent de celle-là ; comment aimeriez-vous Dieu par votre piété, quel culte de Religion oseriez-vous lui rendre si votre cœur était souillé ? Comment auriez-vous l'amour des âmes, le zèle de leur salut, alors que les cœurs ne se gagnent à Dieu que par la virginité, *virginitate placuit, humilitate concepit*. Vous surtout à qui je m'adresse d'une manière spéciale, demeurez, mes chers enfants, les fleurs de cette Œuvre, soyez le bouquet digne d'être placé au nom de tous vos frères moins heureux que vous, sur le cœur de N.-S. J.-C. ; à vous les communions fréquentes, à vous les joies et les amitiés innocentes, à vous les plaisirs purs, à vous l'affection de vos maîtres, à vous le cœur divin de N.-S. J.-C. *qui pascitur inter lilia*. (Cant. II. 16).

Me voilà donc arrivé à la fin de ce long chapitre, et je m'en veux, malgré sa longueur, de ne pas vous avoir tout dit. Est-ce mon amour de père qui m'a aveuglé ? L'affection si vive que je vous porte vous a-t-elle montré à mes yeux différents de ce que vous êtes ? Je ne le sais, mes chers enfants,

dans tous les cas, voilà comment je souhaite que
vous soyez : toujours humbles, obéissants pour vous-
mêmes, obéissants pour vos supérieurs, zélés pour
vos frères, pleins d'esprit de piété et de religion
envers Dieu, des anges de pureté à la face du ciel et
de la terre. Que ce petit livre reste comme le code
de votre Œuvre bien-aimée, comme un miroir
dans lequel vous puissiez vous regarder fréquemment et vous redire souvent à vous-même : Sou-
viens-toi qui tu es et ne forligne pas.

PREMIÈRES COMMUNIONS A L'ŒUVRE

PENDANT LES CINQ PREMIÈRES ANNÉES.

PREMIÈRE ANNÉE
11 *juin* 1848

Auguste Bouisson.
Auguste Davert.
Charles Griozel.

DEUXIÈME ANNÉE
27 *mai* 1849

Joseph Rasclot.
Mathieu Laurent.
Jean-Baptiste Grué.
Edouard Deschamps.
Paulin Barbecot.
Jean Flandrin.
Jean-Baptiste Revello.
Joseph Isnardon.
Lazare Rousset.
Paul Arnoux.
Paul Bogatti.
Auguste Blanc.

Emile Delarue.
Eugène Michel.

TROISIÈME ANNÉE
19 *mai* 1850

François Rasclot.
Alphonse Barthélemy.
Louis Falen.
Albéric Gignon.
Gustave Luc.
Jean Grangier.
Hyacinthe Tamisier.
Adolphe Lemaître.
Napoléon Vinel.
Joseph Vinel.
Emile Donde.
Augustin Quartara.
Jean Jouve.
Gustave Donat.
Henri Icard.

QUATRIÈME ANNÉE
8 juin 1851

Casimir Querel.
Charles Ruas.
François Trouin.
Jean Nicolas.
Pierre Rougier.
Eugène Moraille.
Prosper Pagès.
Pierre Cabasson.
Auguste Saglieto.
Barthélemy Amoureux.
Elie Beisson.
Laurent Ayguier.
Edmond Monnet.
François Bérard.

CINQUIÈME ANNÉE
30 mai 1852

Marius Veyne.
Augustin Bonnefoy.
Paul Pelloux.
Jean-Baptiste Serre.
Hippolyte Burtin.
Joseph Baudin.
André Bérard.
François Bizot.
Arthur Arnaud.
Fortuné Quinson.
Etienne Grangier.
Claude Vernet.
Jules Baille.
Pierre Maraval.

CONGRÉGANISTES

REÇUS PENDANT LES CINQ PREMIÈRES ANNÉES.

~~~~~~~~

21 *novembre* 1847

1 Veyne, Théophile.
2 Michel, Désiré.
3 Bouisson, Victor.
4 Barthélemy, Joseph.

9 *janvier* 1848

5 Ruissy, Emile.
6 Merle, Désiré.
7 Amphoux, Balthasar.
8 Roux, Alexis.
9 Berne, Clément.

5 *mars* 1848

10 Miranne, Joseph.
11 Bousquet, Elzéar.
12 Barrière, Baptistin.
13 Allègre, François.
14 Fabre, Jules.

15 Chanet, Henri.
16 Bonnefoy, Marius.
17 Moraille, François.

30 *avril* 1848

18 Beaucier, Jean.
19 Michel, Jean-Bapt.
20 Fabréga, Balthazar.
21 Boniface, Louis.
22 Cayol, Marius.
23 Bousquet, J.-Bapt.

9 *juillet*

24 Bouisson, Auguste.
25 Griozel, Charles.
26 Lagorio, Joseph.
27 Ferrand, François.
28 Gravier, Etienne.
29 Davert, Auguste.
30 Mazan, Augustin.

15 août

31 Rebecquy, Philippe.
32 Bourguès, Léon.
33 Lagneau, Jean-Bap^te.
34 Chevret, Edouard.
35 Pissin, Philippe.
36 Pissin, Henri.

1er novembre

37 Gruet, Egisthe.
38 Mans, Amédée.
39 Villeprend, Joseph.
40 Prève, Joseph.
41 Deschamps, Therm^in.
42 Maistre, Joseph.
43 Marquant, Auguste.
44 Sambain, Alexandre.
45 Tournier, Joseph.
46 Folitot, Philippe.
47 Peloux, Marius.
48 Barbecot, Victor.
49 Ruas, Henri.

18 février 1849

50 Mellan, Adolphe.
51 Cayol, André.
52 Garoute, Joseph.
53 Cayol, Etienne.

54 Espitalier, Baptistin.
55 Masse, Antoine.
56 Garnier, Louis.

6 mai

57 Blanc, Etienne.
58 Reboul, Joseph.
59 Bourrier, Laurent.
60 Nouveau, César.
61 Tassy, Louis.
62 Gonfard, Nicolas.
63 Chevret, Philippe.

8 juillet

64 Rasclot, Joseph.
65 Laurent, Mathieu.
66 Grué, Jean-Baptiste.
67 Deschamps, Edouard.
68 Barbecot, Paulin.
69 Flandrin, Joseph.
70 Isnardon, Joseph.
71 Arnoux, Paul.
72 Delarue, Emile.
73 Michel, Eugène.
74 Ballestra, François.
75 Dassy, Joseph.
76 Thomé, Auguste.
77 Aillaud, Frédéric.

25 *novembre*

78 Mourlaque, Amédée.
79 Deluy, Jacques.
80 Moutte, Joseph.
81 Moraille, Victor.
82 Guès, Adolphe.

10 *mars* 1850

83 Sauvaire, Léon.
84 Pelloux, Désiré.
85 Péla, Léon.

5 *mai*

86 Gameau, Hippolyte.
87 Simon, Léon.
88 Vigo, Mars.

16 *juin*

89 Rasclot, François.
90 Barthélemy, Alph.
91 Falen, Louis.
92 Guignon, Albéric.
93 Luc, Gustave.
94 Grangier, Baptistin.
95 Tamisier, Hyacinthe.
96 Lemaître, Adolphe.
97 Vinel, Napoléon.
98 Vinel, Joseph.
99 Donde, Emile.

100 Quartara, Augustin.
101 Jouve, Louis.
102 Donnat, Gustave.

25 *août*

103 Michel, Philippe.
104 Gautier, Marius.
105 Jullien, Antoine.
106 Arnoux, Joseph.
107 Taurel, Auguste.

3 *novembre*

108 Vigo, Marius.
109 Rourre, Jules.
110 Bourdon, J.-B.
111 Pélissier, Léon.

5 *janvier* 1851

112 Poncet, Louis.
113 Allard, Justin.
114 Ricaud, Laurent.
115 Allard, Siméon.
116 Bizot, Marius.

2 *février*

117 Héron, Louis.
118 Mus, Hippolyte.
119 Ricaud, Germain.
120 Baron, Jules.

121 Monnet, Edouard.
122 Sigaud, Antoine.
123 Auzet, Marius.
124 Vin, Célestin.

30 mars

125 Deluy, Jean-Baptiste
126 Pascal, Frédéric.
127 Aillaud, Napoléon.
128 Hugues, Victor.

11 mai

129 Beaucier, Gustave.
130 Senectaire, J.-B.
131 Conil, Marius.
132 Guibaud, Alexandre.

13 juillet

133 Querel, Casimir.
134 Ruas, Charles.
135 Trouin, François.
136 Rougier, Pierre.
137 Moraille, Eugène.
138 Pagès, Prosper.
139 Cabasson, Pierre.
140 Amoureux, Barth.
141 Beisson, Elie.
142 Ayguier, Laurent.

143 Bérard, François.
144 Bouffier, Paul.

7 septembre

145 Caralp, Célestin.
146 Blancard, Firmin.
147 Saglietto, Auguste.
148 Quinson, Marius.
149 Paggi, Pierre.
150 Paggi, Marius.
151 Caillat, Louis.

23 novembre

152 Durante, Dominique
153 Cauvin, François.
154 Baille, Gustave.
155 Bosse, Alfred.
156 Clary, Marius.
157 Paul, Laurent.
158 Philipp, Pierre.

1er février 1852

159 Delpuech, Eugène.
160 Barre, Joseph.
161 Barre, Marius.
162 Gayet, Léonard.
163 Olivier, Félix.
164 Rourre, Félix.

21 *mars*

165 Héron, Henri.
166 Olive, Augustin.
167 Usall, Léonard.
168 Achard, Isidore.
169 Ricard, François.

27 *juin*

170 Veyne, Marius.
171 Bonnefoy, Augustin.
172 Peloux, Paul.
173 Serre, Jean-Baptiste.
174 Bérard, André.
175 Quinson, Fortuné.
176 Baille, Jules.
177 Maraval, Pierre.
178 Orbon, Lazare.
179 Balary, Antoine.
180 Bourdin, André.

22 *août*

181 Burtin, Hippolyte.
182 Bizot, François.
183 Grangier, Etienne.
184 Vernet, Claude.
185 Albaret, Adrien.
186 Chapus, Jean-Bapt.
187 Monjardin, Hilarion.
188 Bertrand, Philippe.
189 Monin, Victor.

31 *octobre*

190 Meynadier, Auguste.
191 Héron, Gustave.
192 Martin, Stanislas.
193 Robert, Edmond.
194 Barthélemy, Joseph.
195 Raulier, Constantin.
196 Paul, Louis.
197 Etienne, Louis.

TABLE

Pages.

DÉDICACE...................................... 5
CHAPITRE I⁰ʳ. — Les Fondateurs de l'Œuvre..... 9
    —   II. — La première idée d'une Œuvre.. 13
    —   III. — Le Catéchisme de Persévérance.. 25
    —   IV. — La Fondation de l'Œuvre....... 57
    —   V. — Continuation du précédent...... 76
    —   VI. — Chroniques.................... 92
    —   VII. — L'Esprit de notre Œuvre....... 144
           I. — De l'esprit d'humilité... 156
           II. — De l'esprit d'obéissance.. 164
           III. — De l'esprit de zèle....... 176
           IV. — De l'esprit de foi....... 195
           V. — De l'esprit de piété...... 215
           VI. — Des bonnes mœurs...... 221
Liste des enfants qui ont fait leur première com-
    munion à l'Œuvre pendant les cinq premières
    années.................................... 227
Liste des congréganistes reçus pendant les cinq
    premières années.......................... 229

ERRATA

Page 21, en note : 1863, *lisez* 1861.